齋藤孝のざっくり！日本史

―「すごいよ！　ポイント」で本当の面白さが見えてくる―

齋藤　孝

祥伝社黄金文庫

装丁――寄藤文平＋鈴木千佳子
図版制作――ＤＡＸ

はじめに

突然ですが、あなたは日本という国について、人にちゃんと説明ができますか？

自分の国について語ることができない人を、欧米社会では相手にしてくれません。また、歴史を知っていれば、現代に起こっている出来事をとてもよく理解できます。

何よりも、こんなおもしろいことを知らないのは、非常にもったいないと思うのです。

正直に告白すると、学生時代の私は、日本史はあまり得意ではありませんでした。

教科書や参考書を見ても、「こんなことまで知らなくてもいいじゃないか」ということばかり、覚えさせられるような気がしたものです。

そんな歴史に対する悪印象が変化したのは、論述問題に取り組まざるを得なくなってからでした。もちろん、最初は、論述問題なんて太刀《たち》打ちできません。その出来事や人物については知っているにもかかわらず、うまく論述できなかったのです。

そこでようやく、自分の勉強が、単に知識をつめこんできただけで、歴史の「流れ」をまったく理解していなかったということに気づかされました。

それでも、いろいろと試行錯誤をしているうちに、歴史の流れをつかむための、一つの勉強法を思いつきました。

それは、まず、受験用の日本史の参考書の文章を、三色のボールペンでA４の紙に項目ごとにキーワードをつなげるような図にし、次に、その図を見ながら、今度は自分が口で説明できるようにする、というものでした。

一度図にしてから、それを文章化する。これを練習するようになって、私の日本史の成績は急激に上がり、さらに、歴史の勉強が面白くなったのです。

この発見こそが、本書で紹介する「すごいよ！シート」の勉強法につながっています。

教科書や参考書を読んでも、なぜ歴史がおもしろくわかるようにならないのでしょうか？　たとえば、受験では『凌雲集《りょううんしゅう》』や『文華秀麗集《ぶんかしゅうれいしゅう》』、『経国集《けいこくしゅう》』といったものの名前を覚えなければいけないのですが、そうしたものの多くは、教科書の本文ではなく、下の注に小さな文字で書かれています。それらは受験では重要とされるけれど、歴史の流れから見ればさほど重要ではありません。

本来は重要ではないものが、受験では重要な知識とされている。こうした「ズレ」が、歴史の勉強から「意味」を失わせてしまっていたのです。

これでは、歴史の本当のおもしろさはわかりません。本書では、日本史のネタの見つけ方から、その本当の「おいしさ」を味わう方法をご紹介します。

オトナになったいまこそ、もう一度日本史を勉強しなおしてみませんか？

重箱の隅をつつくような知識はもういりません。受験のための勉強法からは離れ、本来の学問のスタンスに立ち戻って、歴史を見ることができるのです。

とはいえ、受験のときにつめこんだ知識も無駄にはなりません。知識があれば、意味をつかまえるのはとても簡単だからです。そういう方が本書を読むと、「なんだ、初めからそう説明してくれればわかったのに」と、思うことでしょう。

もちろん、入試で日本史をとらなかったという人、これから日本史を勉強しようという学生さんも、心配はいりません。決して難しいことは述べていないので、「へぇー、歴史っておもしろいんだ」「こういう意味だったんだ」と楽しんでいただけるはずです。

本書には、私たちの暮らすニッポンという国についての「おいしい」ネタが満載です。読み終えた後には、思わず人に話して聞かせたくなること請けあいです。

平成二十二年八月

齋藤《さいとう》　孝《たかし》

目次

すごい！3 武士の開明化を支えた「松下《しょうか》村塾《そんじゅく》」という奇跡

第2章 「万《まん》葉《よう》仮《が》名《な》」と日本語

——和洋中の粋を集めて発展した「世界言語」

すごい！1 万葉仮名の絶妙さ

第3章

「大化《たいか》の改新」と藤原氏

──ナンバー2が支配する日本統治の始まり

第4章 「仏教伝来」と日本人の精神

――「ゆるさ」が可能にした神道との融合と禅の進化

すごい！1 仏教に見る日本人のゆるさ

すごい！2 世界に広まる日本の「禅（ZEN）」

第5章

「三《さん》世《ぜ》一《いっ》身《しん》の法」とバブル崩壊

――日本の土地所有制度はどこから始まったか

第6章
「鎖国」とクールジャパン
——「日本的」なるものを煮つめた二〇〇年

第7章

「殖産興業《しょくさんこうぎょう》」と日本的資本主義

――なぜ日本は資本主義競争に勝ち残れたのか

第8章

「占領」と戦後日本
――採点！ GHQの占領政策

すごい！2

すごい！3

プロローグ

いまこそ、日本史を学びなおす

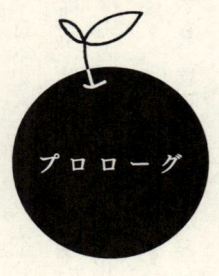

「教養」とは論述能力だ

私は仕事がら、大学生と接する機会が多いので、いろいろなことをよく大学生に聞きます。日本史についても、「大化《たいか》の改新の意味はどういうことだったのかわかる?」とか、「摂関《せっかん》政治はどういう意味を持っているのか説明できる?」といった質問をします。

すると、学生たちは、大化の改新とはどういう出来事だったのか、摂関政治とはどういうものなのか、その説明はできるのですが、意味は説明できません。**知識としては知っていても、意味はよくわかっていないのです。**

こうした、聞かれたときにパッと説明できるかできないかということが、実は、欧米人と日本人を比較したときに見られる論述能力の差に表われているのではないかと、私は考えています。

フランス人などは典型的ですが、こういう質問をすると、延々としゃべりつづけます。

それは、質問されたときに、その意味をきちんと説明できることが、その人の知的素養、能力の証《あかし》だという考えのもと、そのための思考訓練がなされているからです。

多くの人は、日本史を知らないわけではないのですが、「意味を述べよ」と言われると苦しいと思います。クイズのように一問一答式ならば、答えられるのです。「江戸幕府の三代将軍は？」と問われれば、多くの人が「徳川家光《とくがわいえみつ》」と答えるでしょう。

でも、「徳川綱吉《つなよし》はどんな人で何をしたのか」あるいは、「綱吉が犬公方《いぬくぼう》と言われたことにはどのような意味があるのか」と聞かれると、答えるのは簡単ではありません。

しかし、もしこれが外国人が相手だと、日本人なのに説明できないなんて、「あなたは、いったい何を勉強していたの？」と言われてしまいます。

これは、単に欧米の感覚がそうだからというだけではありません。常識的にいっても、何かを勉強するときには、そういう質問に答えられるようになることを目標とすべきだと思います。

日本人がこうした感覚からズレてしまったのには、初めて本格的に歴史を学ぶとき、すでに大学受験が目標になってしまっていることが関係しています。

私は、「文脈を見つけていくこと」こそが、歴史の見方だと思っています。

文脈の見つけ方のポイントは、過去の出来事が、その後の時代に大きな意味を持ったかどうか、ということにあります。

後世への影響力の大きさで、出来事の意味を判定するのであれば、そこには必ず強弱が生じます。これは、知識にもランクを付けることが必要だということです。

たとえば、これは後々何百年も影響を与えたきっかけになった事件であるというものに対してはAランク、それに比べると一過性のものであるとか、まあ覚えておいてもかまわないかなというものはBランク、というように知識にメリハリをつけ、教科書ではそれを色分けして記述するなどの工夫があってもよいと思います。

欧米社会で要求される「ネタ」のストック

私はよく学生に「ネタ帳をつくりなさい」と言います。

実は、「ネタを持つ」ということは、日本人に足りない発想なのです。

お笑い芸人がネタ帳を作ることで芸の数を増やしていくように、私たちもネタ帳を持たなければ話題（話のネタ）は増えていきません。

話題に乏しい人というのは、どうしても話し下手な印象を相手に与えてしまいますが、それは、単に話し慣れていないからです。

どんなにおもしろいネタも、最初にするときは、それほどウケないことがあります。話というのは、何人もの人に同じ話をしていくうちに、「あっ、これはウケる」とか「こういうふうに話せば、相手に伝わるんだ」ということがわかっていくものです。

芸人が落語や漫才のネタを、何度も何度も練習するのもそのためです。つまり、一つの話を何度もすることによって、話がブラッシュアップされるのです。

話題が豊富な人というのは、こうしたブラッシュアップされたネタをたくさんもっている人なのです。

さきほどフランス人は論述に長《た》けているという話をしましたが、アメリカ人は、会話のときに常に「ネタ」を求めると言います。

話のネタは、なんでもいいとはいうものの、もし私たちが外国の人と話をするのであれば、自国の文化や歴史について述べることが望ましいと私は思います。

海外赴任《ふにん》経験のある友人が言っていたのですが、外国で信用されるためには、自国の文化や歴史についての知識をもっていることがとても大切だそうです。そこが弱いと、他でどんなに努力をしても、なかなか信用されないというのです。

ですから、本書を読んでくださった皆さんには、ぜひこれを機会に、日本の歴史や文化について、ひとまとまりの話がいくつかできるだけの「ネタ」を持てるようになっていただきたいと思います。

何にでも「すごい！」と思うポイントが三つある

では、どうすれば「ネタ」を持つことができるのでしょう。

「ネタ」をまとめるために私が考えたのは、「すごいよ！シート」というものです。

これはどんな話題にも使えるのですが、まず一つのものごとについて、何か「すごい」と思えるポイントを三つ挙げる。そして、それを人に向かって「これはこういうところがすごい」と言えるようにする。それができれば、その知識がネタとして身についたと認めようというものです。

私がこれを思いついたのは、**「すごいと思えなければ、勉強ではない」**、と常々思っていたからです。たとえば、微分、積分を習ったとき、「微分というのはすごいな」とか、「ベクトルというのはすごい考え方だ」と思わないでやっている人は、数学ができるようにはなりません。なぜなら、「すごい」と思えないということは、その教科の意味がわかっていないということだからです。

歴史であれば、たとえば、「すごい、すごすぎるよ、廃藩置県」と、廃藩置県について熱く語れるというのは、やはり日本史がわかっているということです。そこに感動できるものがあれば、日本史を学んだ意味があると言えます。

これはどんな教科も同じです。たとえば、化学で用いられる「モル」という物質量の単位について、「モルというのは本当はすごい単位なんだ。あらゆる一モルの物質に含まれる粒子の数が六・〇二×一〇の二三乗である、というように一ダースみたいに設定できるのは、すごいことだ」と思えることが学問というものです。学問をやっている人は、みな自分のしている学問を「すごい」と思ってやっているのです。

学校の授業で使う教科書というのは、そうした「すごい」と思える学問を、冷凍パックにしたようなものです。冷凍されているので、そのまま食べてもおいしくありません。本来は、それを解凍し、もう一度おいしい（すごいと思える）状態にして生徒に教えるのが先生の仕事なのですが、先生によっては、それがやりきれていないのが現実です。

私がこの本でしようと思っているのも、この解凍作業なのです。

ですから「すごいよ！シート」を作るときの知識は、奇をてらったものである必要はありません。大切なのは、その一般的な知識を「すごい」と思えるようにすることです。**実は、この「すごいよ！シート」の「すごい」ところは、すごいと思えることを、一つではなく三つそろえることにあります。**

人が話をおもしろいと感じる基準は、実はこの三という数字にあるのです。

人は、一個目の知識では「ほう」と感心するぐらいですが、二個目になると「へぇ、なるほど」という感じになり、三連発されると、「これは確かにすごい」と、心から納得するのです。これはまさに、ホップ・ステップ・ジャンプといった感じですが、このスリーステップを踏むことで、聞いた話がきちんと腑《ふ》に落ちるのです。

三つで納得するなら、多ければ多いほどいいのではないか、と思う人もいるのですが、それは違います。

すごいと思えることでも、それが四つ、五つとなってくると、人は飽きてしまいます。それまでのありがたみが薄れてしまうのです。

話をするときは、受け取る側の脳の容量、キャパシティを考えることが必要です。そして、人に話をする場合、一つの話に盛りこむ知識の数は、三つが限界だと私は思っています。このことは、大学の授業で、いつも痛感させられています。

というのも、「ポイントは五つあります」と言って説明した後で、「では、いまの五つをもう一回言ってみて」と言うと、ほとんどの学生は三つしか答えられないのです。後の二つはすっぽり抜け落ちてしまうのです。いま言ったばかりなのに抜けてしまうのですから、やはり三つが人間の限界なのでしょう。

私が目指しているのは、話を聞いた人が、聞いた話をもう一度自分の言葉で再生できるようにすることです。そして、盛りこむ知識が三つまでなら、それができるのです。

「ネタ」を集めるという視点で見たとき、歴史というのは、まさにネタの宝庫です。しかも、歴史的なネタは、だれでもちょっとは聞いてみたいと思うものです。特に、外国人や日本人でもあまり歴史が得意ではない人に対しては、歴史の「すごいよ！ネタ」は絶大な効果を発揮します。

そうはいっても、日本史ですごいと思えることなんて、自分には見つけられないかもしれない……、そう思ったあなた、心配はいりません。

コツは、その出来事が後にどのような影響を与えたのかという視点で、その前後を見ていくことです。

こうしたネタが見つかると、おもしろいもので、誰かに言いたくなるものです。そして、つい、普段の会話の中でも「ねえねえ、大化の改新って知ってる?」と聞くことになり、相手が「知ってるよ」と言っても、「でもね、知ってる? あれってすごいんだよ」と、自分のネタを語らずにはいられなくなるのです。

大きなポイントをつかめば、その前後のトリビア的な知識も、なぜ歴史上意味があるとされているのか、わかるようになっていきます。

まずざっくりと大枠をつかむこと。そしてそれを三つのキーポイントで説明できるように理解すること。そういう「ネタ」を探す目で見ていくと、歴史をとてもおもしろく学ぶことができるのです。

第1章

「廃《はい》藩《はん》置《ち》県《けん》」と明治維新

——なぜ前代未聞の大革命が成功したのか

すごい！ 1

日本から「殿さま」がいなくなった！

日本人にしみついた「お上《かみ》」意識

幕末から明治にかけて、日本史ではやたらと四文字熟語が出てきます。「公武合体」「尊皇攘夷《そんのうじょうい》」「薩長盟約《さっちょうめいやく》」「大政奉還」「王政復古」「明治維新」「版籍奉還」「廃藩置県」……。みなさんも、その意味はともかく、こうした四文字熟語だけは記憶に残っているのではないでしょうか。

これらの中から、ここでは維新後の一大ビッグイベント、「廃藩置県」がいかにすごいものだったのか、ということを見ていきたいと思います。

まず最初に、教科書ではどのように書いているのか、見てみましょう。

[年表] 幕末〜明治維新にかけての動き

年代		出来事
1830	天保1	吉田松陰生まれる
1833	4	天保の飢饉始まる
1841	12	天保の改革
1842	13	天保の薪水《しんすい》給与令
1853	嘉永6	ペリー浦賀来航、プチャーチン長崎来航
1854	安政1	日米和親条約
1856	3	吉田松陰、松下村塾を開く
1858	5	日米修好通商条約
		尊王攘夷運動高まる。安政の大獄による弾圧
1860	万延1	桜田門外の変(老中井伊《いい》直弼《なおすけ》の暗殺)
1863	文久3	薩英戦争
1864	元治1	長州征討、四国(英・仏・米・蘭)艦隊下関砲撃事件
		奇兵隊挙兵
1866	慶応2	薩長盟約
1867	3	大政奉還、王政復古の大号令
1868	明治1	戊辰戦争。五箇条の誓文
1869	2	版籍奉還。五稜郭の戦い
1871	4	新貨条例。廃藩置県
1872	5	田畑永代売買の解禁。国立銀行条例
1873	6	地租改正条例。徴兵令
1876	9	秩禄処分、廃刀令
1877	10	西南戦争

新政府は藩制度の全廃をついに決意し、一八七一（明治四）年、まず薩摩《さつま》・長州《ちょうしゅう》・土佐《とさ》の三藩から御親兵《ごしんぺい》をつのって軍事力を固めたうえで、七月、一気に廃藩置県を断行した。すべての藩は廃止されて府県となり、旧大名である知藩事《ちはんじ》は罷免《ひめん》されて東京居住を命じられ、かわって中央政府が派遣する府知事・県令が地方行政にあたることになり、ここに国内の政治的統一が完成した。（『詳説日本史改訂版』山川出版社）

これだけだとピンとこないのですが、廃藩置県というのは、日本の歴史においてとてもビッグな出来事でした。

なぜなら、それは「お殿さまがいなくなってしまう」ということだからです。日本からお殿さまがいなくなるというのは、本当に久しぶりです。

私たちは政府のことを指して「お上《かみ》」と言うことがありますが、これは江戸時代の統治機構の名残《なごり》です。「お殿さま」や「大名」というものに対する感覚も、もう江戸時代はとっくの昔に終わっているのに、いまだに私たちの中に残っています。しかもそれは、もしも大名行列が目の前にきたら、とっさに土下座をしてしまうのではないかと思えるほど、日本人の中に深く染みついています。

歴史の怖いところは、その時代が終わっても、そうした染みついてしまった感覚や思考様式はすぐには消えないということです。

いまの憲法論議にしても、問題になっているのは、占領下のときどうであったかという半世紀以上も前の話です。それと同じように、江戸時代の感覚、思考様式が人々の中に色濃く残っているのに、突然「お殿さま」という存在だけが現実からいなくなってしまったのです。それが廃藩置県です。

幕府なんて、関係ない？

当時のお殿さまというのは、まさに国王です。

江戸時代は一国一城の主がお殿さまですから、それぞれが独立した国であり、国王でした。藩は県のようなものだと思っている人がいるのですが、それは違います。藩は県のような行政区分としての一単位ではなく、中央から独立した自治国なのです。

もともと大名（＝殿さま）というのは、「大名主《だいみょうしゅ》」が転じたと言われていることからもわかるように、その地域の豪族や名主が、徐々に力をつけ、勢力を伸ばしていくことで土地の支配権を持つようになっていったものです。そのため、大名同士の自然な力の拮抗《きっこう》の境界線がそのまま国境となっており、それには中央は関与していませんでした。

江戸時代になると、大名は中央から土地を与えられることになるのですが、土地の人々、藩に仕《つか》える武士にとっては、忠誠心の対象は幕府ではなく、あくまでも自分の藩の大名でした。

廃藩置県による最大の変化は、大名に代わる存在として、県や府に中央が人を送りこめるようになったということです。

これは、地方に根ざしていた豪族たちを介さず、中央が地方を直接管理できるようになったということです。しかも新しく置かれた県のトップは、中央の判断でどんどん入れかえができるようになりました。

中央は国家の財政を安定させ、富国強兵を図るために、中央による税徴収を必要としていました。また、多くの藩は、新政府軍と旧幕府軍との内戦である戊辰《ぼしん》戦争の影響などで財政難に陥っていたため、政府と対立する力を失っていました。

廃藩置県後、租税徴収権は政府のものとなりましたが、依然として、幕藩体制のままの農民からの年貢だったため、税収が米の値段に左右されるという不安定なものでした。

そこで、租税制度を近代化するため、第5章で後述する「地租改正」を行ないました。

つまり、廃藩置県を実施したことによって、明治政府は、中央集権国家というものを完全に機能させることができたのです。簡単に言うと、明治政府が中央集権国家をつくるためには、お殿さまをなくすことがどうしても必要だったということです。

では、なぜ廃藩置県は起きてしまったのでしょう。

これは皮肉なことですが、忠誠心の対象が幕府ではなかったということと深く関係しています。

つまり、幕府というものも絶対的なものではない。徳川《とくがわ》家も数ある大名の中の一つに過ぎない、と相対化されてしまったとき、薩摩と長州は気づいてしまったのです。**「俺たちの方が強いんだし、幕府なんてつぶしてしまってもいいんじゃないの」**と。

気づいてしまったらもう終わりです。

そして、動きはじめた意識変化を、制度として定着させたものが、廃藩置県でした。

すごい！ 2

なぜ、ほとんど内戦がおきなかったのか

一九〇万人の失業者

中央集権国家を作るために、お殿さまをなくすことが必要だったのはわかりました。

でも、不思議なのは、それを当のお殿さまたちがおとなしく受けいれたということです。

これは、世界的に見るととても不思議なことなのですが、大名がいなくなるという、革命的な決定に対し、日本ではまったくと言っていいほど内戦が起きていないのです。

日本人は、なんとおとなしい国民なんでしょう！

普通は、お殿さまが「いやだ、自分は退《しりぞ》きたくない」と言うでしょう。そして武士たち

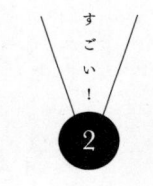

はそのお殿さまに忠誠心を持っているのですから、なんとかお殿さまの立場を守ろうとするはずです。

それに、そもそも武士が「武士でございます」と言っていられるのは、お殿さまがいるからです。お殿さまがいなくなるということは、自分たちも武士ではなくなるということを意味します。つまり、単に親分がいなくなるというだけでなく、自分たちの存在意義、アイデンティティまでも失うということなのです。

しかも、お殿さまがいなくなり、藩がなくなってしまえば、武士にとっては、勤めていた会社がなくなるのと同じことです。

幕藩体制下の武士の俸禄《ほうろく》（給与）は、幕府から、直接年貢を徴収できる土地（知行地《ちぎょうち》）を与えられる（知行取り）か、米の現物で与えられていました（蔵米《くらまい》取り）。

明治に入り、版籍奉還が行なわれた後も、それまでの俸禄は秩禄《ちつろく》（家禄および賞典禄）として、明治政府から華族や士族に支給されていました。しかし、それが財政を圧迫したことから、政府は一八七六（明治九）年、秩禄処分を実施し、段階的に秩禄を廃止していったのです。

一八七三（明治六）年の士族、卒（下級武士）を合わせた人数が約一九〇万人、当時の人口は約三三〇〇万人ですから、実に人口の約六%が一気に失業したわけです。

これで、反発しない方がおかしいと思います。

ですから、お殿さまは「あくまで戦う」と言い、武士はそれを守って共に戦うというのが、人情から言うと自然ではないでしょうか。

このように「廃藩置県」を中心に明治維新を見ていくと、そのすごさが少しずつ見えてきます。

愛すべき日本人の「言いなり」性分

では、新政府は、どのようにしてお殿さまを納得させたのでしょう。

実は、新政府を作りあげた薩摩と長州が、先頭を切って自分たちのお殿さまに「お殿さまであることを辞《や》めてください」と頼んで納得させてしまったのです。

これがとてもおもしろいところなのですが、まず真っ先に自分たちのお殿さまを説得し、そのことを他の大名に見せて、「天下を取った薩摩、長州のお殿さまが退くんじゃ、自分たちもしかたないか」と思わせているのです。

日本人というのは、一つ前例ができると、またその前例が大きいものであればあるほど、一気にそちらの方向に傾き、倒れていくという傾向があります。

その倒れっぷりは、「将棋倒し国民」と言ってもいいほど、見事なものです。倒れっぷりのよさは、世界にも類を見ないでしょう。なにしろ一億人近い人間が、ドミノのように一気にバーッと倒れていくのですから、見ようによっては爽快ですらあります。

普通は、抵抗勢力というか、抗《あらが》おうとするものが出てくるものなのですが、廃藩置県の時の日本にはそういう人は現われません。

確かに、ダーッといっぺんに倒れてしまうところが問題と言えば問題ではあるのですが、不思議なことに、この国は、そうしたときに大きく失敗したことはないのです。大勢に流されているようで、実は流れを見誤っていないというのが、日本人のすごいところです。

明治維新で言えば、この時期、最も大切なことは、列強の侵略から日本という国を守ることでした。侵略を免《まぬが》れるのは、国として、民族として、基本です。廃藩置県を受けいれ、中央集権を成立させることによって、日本はこの最も大切な目的を果たしています。

しかも、統治機構が幕府から政府に変わるという大転換が起きるまでは、あれほど騒いでいた国民たちが、新政府ができるとすぐに、まるでさーっと潮が引くように、実におとなしく、さしたる混乱もないまま新政府に従っています。

このときのことを考えるとき、私は敗戦直後、占領下の日本を思い出します。

マッカーサーがきたときも、ついこの間まで「鬼畜《きちく》米英」と叫んでいたのがウソのように、日本人はおとなしく従っています。それはまさに「言いなり」状態です。

でも、私は、この日本人の言いなりの性格が嫌いではありません。むしろ好きと言ってもいいでしょう。「この恨《うら》みは千年たっても忘れない」と言うより、すぐに忘れて「ギブ・ミー・チョコレート、ギブ・ミー・チューインガム」と言ってしまう日本人の方が私は好きです。

占領後、アメリカ文化一色になってしまった日本人。原爆まで落とされたのに、アメリカ人を憎まない日本人。こんな従順な国は、世界中探してもないでしょう。もはや、忘れやすいにもほどがある、と言いたくなるくらいです。

でも、ここでも日本は大きな選択は誤っていなかったと思います。

あのときアメリカに従わずにいたら、ソビエトに侵攻されて、日本人は全員なんとかスキーとか、なんとかビッチという名前にされていただろうと言う人もいますが、本当に一つ間違えば、そうなっていたかもしれないのです。

実際、かつてのソビエトに占領された、カザフスタンなど中央アジアのいくつかの国では、ロシア語が主となり、母国語が失われつつある例もあります。その他にも、帝国主義時代に欧米列強に支配された影響で、多くの先住民族の言語が失われました。

母国語を失うということは、民族としての重大なアイデンティティの終焉《しゅうえん》を意味します。それを防ぐことができたのですから、大きな選択としては、あの変わり身の早さは非常に有効であったということです。

明治維新のときは、細かいことを言えば、戊辰《ぼしん》戦争が起きているので、まったくの無抵抗というわけではないのですが、あれほどの革命が起きたにもかかわらず、あの程度の内戦で済んだというのは奇跡的なことです。

もちろん個々人の心の底には、恨みや反発はあったでしょう。それでも、制度上そうなったと決まったら、すーっとおとなしく従う。これは、日本人の一つの特性でもあるのです。そして、こうした日本人の国民性を如実《にょじつ》に示しているという意味において、廃藩置県というのは非常に象徴的な事件だと私は思うのです。

日本が近代化に成功した要因とは

日本が、廃藩置県を断行し、近代化に成功できたのには、確かに日本人の「言いなり」の性格が大きく関わっています。

しかし、成功した理由はそれだけではありません。

『詳説日本史研究』（山川出版社）という本に、そこのところがうまく書かれているので、引用してみましょう。

このような大変革が諸藩からさしたる抵抗も受けずに実現したことは、ほとんど奇跡的ともいえる。その主な理由は、第一に多くの藩が戊辰戦争で財政的に窮乏化し、政府と対抗する経済的な実力がもはやなかったためと思われる。（中略）第二の理由は、藩の側にも欧米先進列強と対抗する国づくりを進めるには、中央集権体制の強化が必要だという理解がかなり深まっていたことである。

この第二の理由は、実はすごいことです。さらに引用しましょう。

当時、福井藩の藩校で物理・化学を教えていたアメリカ人教師グリフィスは、廃藩置県を通告する使者が到着したとき、藩内に大きな動揺がおこったが、一方で知識ある藩士たちは、異口同音に、これは日本のために必要なことだと語り、「これからの日本は、あなた方の国（アメリカ）やイギリスの仲間入りができる」と意気揚々《いきようよう》と語る藩士もあった、と記している。

つまり、一介の武士の中にも、廃藩置県の意味をきちんと理解し、これによってやっと日本もアメリカやイギリスと肩を並べることができるようになると喜んでいた人が、たくさんいたということです。

これは非常に進んだ感覚、開明的な感性です。

私は、この「開明性」こそ、欧米以外で日本が唯一、この時期に近代化に成功した要因だと考えています。

ここでも日本人の「変わり身の早さ」が功を奏《そう》したと言えるでしょう。

こうした日本人の変わり身の早さは、いまも受け継がれ、特に東京という町には、それが色濃く現われていると思います。戦争で焼けてしまったということもあるのでしょうが、東京には江戸の面影はほとんど残っていません。

いまにして思えば、もうすこし江戸の町を残してもよかったのではないかと思いますが、日本人は、そういうところは実に思いきりがいいのです。

日本的な町並みというと、多くの人は古い建物の多く残る奈良や京都をイメージしますが、実は最も日本らしい町は、くるくるとその姿を変える東京なのではないか、と私は思っています。

日本が近代化に成功したのは、優先順位を間違えなかったからです。

お殿さまを守るより、藩を守るより、いまは欧米列強と対抗することの方が大切。欧米に対抗できなければ、国全体が占領されてしまう。そうなったら、もはや藩とかお家とか言っている場合ではなくなる。そう考えた彼らの判断は間違っていませんでした。

自分たちの藩のことよりも日本という「国」のことを優先する。こうした考えが生まれたとき、日本に近代国家としての概念が生まれたのです。

そして、それを思想的に確立する人物が現われます。それが吉田松陰《よしだしょういん》です。

すごい！ 3

武士の開明化を支えた「松下村塾《しょうかそんじゅく》」という奇跡

「国」の概念を確立した吉田松陰

吉田松陰は、一八三〇（天保《てんぽう》元）年に生まれ、一八五九（安政《あんせい》六）年に処刑されるまでに幕末の日本に大きな影響を及ぼしました。

吉田松陰というと、根っからの開明派だと思っている人もいますが、実は彼はもともとは攘夷（外国人を排斥《はいせき》しようという幕末の思想）論者だったのです。それが西洋の学問に造詣《ぞうけい》の深い佐久間象山《さくましょうざん》に学び、開明的な考えの持ち主に変わっていくのです。

松下村塾で吉田松陰が人々に講義をするようになったのは、一八五六（安政三）年。ペリーが黒船で浦賀《うらが》にきたのが、一八五三（嘉永《かえい》六）年ですから、その三年後です。

黒船来航をその目で見た松陰は、すでに開明的な考えをもっていたこともあり、留学を決意、当時長崎に寄港していたプチャーチンのロシア軍艦に、同じ長州藩出身の金子重輔《かねこじゅうすけ》とともに乗りこもうとするのですが、ロシアの軍艦が予定を繰りあげて出航したために失敗します。

懲《こ》りない松陰は、その翌年には、再び下田《しもだ》にきていたペリー艦隊のポーハタン号に赴《おもむ》き、密航・留学を訴えるのですが、ここでも拒否されてしまい、彼は、幕府に自首をするのです。幕府は松陰を長州藩へ檻送、一度は野山獄《のやまごく》に入れられますが、その後、実家の杉《すぎ》家に預けます。

松陰が、松下村塾で講義を行なうのは、実は、この実家お預けになってから、幕府に抗議をして再び投獄されるまでの、わずか三年弱の間だけです。

この時期というのは、日本人が「日本国」というものを再び意識した時期です。

そうした時期に松陰は、松下村塾で、久坂玄瑞《くさかげんずい》、高杉晋作《たかすぎしんさく》、伊藤博文《いとうひろぶみ》、山県有朋《やまがたありとも》といった、幕末・明治に名をはせる面々に教えを垂れます。

吉田松陰をはじめ、松下村塾の人々というのは、みなちょっと不思議です。

長州というのは、いまの山口県ですから、こういってはなんですが、田舎です。しかも、松下村塾の塾生というのは、選び抜かれた英才ではなく、松陰の家の近くにいたごく普通の若者たちです。

それなのに、実におもしろい活躍をする人たちが、たくさんいるのです。

吉田松陰がその才能を高く評価していた久坂玄瑞などは、早くから尊皇攘夷運動の先頭に立って行動を起こしました。高杉晋作も当時としては画期的な民衆軍「奇兵隊《きへいたい》」を組織しますが、やはり早世しています。当時は、武力というのは、すべて武士が握っていました。その中で、民衆を集め、訓練し、軍隊とするというのは発想としても、行動としても、とてもすごいことだったのです。

天皇の「再発見」

でも、なぜ田舎の長州に、これほど開明的な気運が高まったのでしょう。

その理由の第一は、やはりなんと言っても、吉田松陰の教えでしょう。

松陰は、開明的なことを説くと共に、「尊皇」つまり天皇を敬うことを教えました。

実は、江戸時代というのは、一般の人々は、天皇の存在をほとんど忘れかけていたのです。それが幕末になって、黒船来航による対外的混乱に対して、幕府が朝廷の権威を政治的に利用したため、再び「朝廷」に民衆の目が向けられるようになったのです。

だいたい、もとから尊敬されていたなら、幕末になってからわざわざ「尊皇！」と大上段に構えたりはしません。当時としては新たな概念だったからこそ、「尊皇」という言葉がもてはやされたのです。

こうした尊皇意識の広まりは、人々の心に大きな変化をもたらします。

これは本当かウソかわかりませんが、司馬遼太郎《しばりょうたろう》さんの『世に棲む日日《すひび》』（文春文庫）という幕末を描いた小説に、天皇の行幸《ぎょうこう》（外出）にお供する十四代将軍家茂《いえもち》に向かって、高杉晋作が「いよう。征夷大将軍《せいいたいしょうぐん》」と声をかけるシーンが描かれています。

これは、将軍さまに向かって、「所詮《しょせん》あんたは、天皇から征夷大将軍に任命されているだけでしょ」と言っているのと同じことです。将軍なんか偉くない、偉いのはそれを任命する天皇さまだ、という権威の交代が、この台詞《せりふ》には込められているのです。

日本における天皇というのは、世界的に見ると、実はとても珍しい存在です。

天皇自体には力はありません。その弱い、何の力も持たない天皇が、武士政権の中で、権威を与える存在として延々と生き残っていくのも不思議ですが、そんな不遇の時代が何百年も続いたのち、幕末にいたって急に、政治のトップに祭り上げられるのは、もっと不思議です。

これは気づいた人勝ちとしか言いようがありませんが、**「天皇は権威を与えるシステムの頂点に存在するものなのだから、その頂点を握ったものが権威そのものを握ることになる」**ということです。

そして、結果から言えば、そのことにいち早く気づいた薩長が天皇を掌握《しょうあく》したから勝ち、握り損ねた幕府側が負けたのです。ですから、こうした構造を見抜き、体制をパタッとつくり変えてしまったところが薩長のうまさだったのです。

さて、少し話が先走りましたが、長州に開明的な人が多く現われたのには、もう一つ理由があります。それは、長州が下関で英仏蘭米の四国と戦争をして、コテンパンに負けていることです。

戦争に負けることで、彼らは「こりゃあ、かなわない」ということを痛感したのです。負けたからこそ、素直になって相手の良いものを受けいれ、学ぼうという気になったということです。

そして、維新後の明治政府では先ほど名前を挙げた伊藤博文、山県有朋がともに内閣総理大臣を務めるなど、松下村塾出身者がやはり活躍しています。

それだけの人物が、あの狭い塾の中にいたというのは、一つの奇跡と言ってもいいほどすごいことだと私は思います。

武士の武士による革命はどうして可能だったか

明治維新というのは、一種の革命です。

ただ、それが他の市民革命と大きく違うのは、武士による自己革命だったということです。

たとえば、市民革命の典型とも言うべきフランス革命の意味は、支配階級の根本的な転換です。そのことを最も象徴的に示したのが、平民による、国王の処刑です。これは、それまで被支配階級にあった平民が、支配階級のトップである王を処刑することによって、立場が逆転したことを表わしています。

しかし、明治維新では、こうしたことは起きていません。徳川幕府最後の将軍である十五代徳川慶喜《よしのぶ》は、維新後は静岡でのんびり暮らしています。これは私の実家の近くなので、よく知っているのですが、いまも子孫はちゃんと続いています。

なぜこうした違いが生じるのかというと、明治維新は支配階級である武士自身が、自分たちの作ってきた社会は世界的に見ると時代遅れだということに気づき、自らの手で作りかえた革命だったからです。武士たちが、支配階級という自分の身分を、自ら終わらせるように動いた、ということです。

この自ら気づき、行動し、自分たちの社会を変えたというところが、明治維新の「すごい」ところです。

もちろんそのあと、薩長の幹部は藩閥政治を敷いて支配階級に収まりますが、維新に奔走した多くの武士たちは普通の平民に戻っています。

そういう意味では、彼らは、自分たちの存在意義を否定するような革命を頑張ってやったとも言えるのです。

でも、それができたのは、何を優先すべきかを彼らが間違わなかったからです。彼らは、自分たちの身分よりも何よりも、この国が外国人に侵略されてしまうという恐れのほうを重要視したのです。

明治維新がよくわからないという人のなかには、最初は、幕府の方が開明的で、薩長は

「尊皇攘夷！」と叫んでいたのに、なぜ最後になって、薩長が開明的存在になって、幕府を倒して開国してしまったのかわからない、という人が多いのではないでしょうか。

実は、この時期の攘夷運動というのは、吉田松陰もそうでしたが、当時の国を憂《うれ》える若者がみんな一度はかかる「はしか」のようなものだったのです。

「外国に侵略されるのは嫌だ。だから、外国人をやっつけて追いだしてしまおう」というのが攘夷の気持ちです。

攘夷運動は、ごく自然な感情ではありますが、子どもっぽい考え方です。

薩摩と長州が、いち早くその子どもっぽい考え方から脱することができたのは、実際に戦って、痛い目を見ているからです。

負けて、「ただ攘夷と言っているだけではダメだ。このままだと実際に戦ったら負けてしまう」そう思ったとき初めて、「じゃあ、どうすればいいのか」「どうすれば列強に伍することができるのか」ということを、真剣に、そして現実的に考えられるようになったのです。

大人になった彼らが出した結論は、「イギリス、アメリカ、フランスのようにならなければ対抗できない」ということでした。

そう思ったときに、日本人の得意な変わり身の早さで、いままでのことは全部忘れて、「じゃあ開国するから教えて」という態度をとったのです。これが最後の最後になって薩長が開国に転じた理由です。

でも、この変わり身の早さこそが、結果的には日本を救ったのです。

第2章

「万葉仮名《まんようがな》」と日本語

——和洋中の粋を集めて発展した「世界言語」

すごい！ 1

万葉仮名の絶妙さ

「夜露死苦《よろしく》」は万葉仮名？

日本史では「言葉」についての考察はあまりされませんが、日本語のすごさを知ることは、日本の歴史を理解する上で、とても重要です。

そもそも文明というのは、文字を持っていることが大前提です。

世界史は四大文明から始まりますが、これらの文明は、すべて文字を持っています。メソポタミア文明は楔形《くさびがた》文字。エジプト文明はヒエログリフ。古代中国は漢字（殷《いん》の甲骨文字が発祥）。インダス文明にも、まだ未解読ですがインダス文字があります。

もちろん、文字を持つ前から、人間は「言葉」を持っていました。狭い意味での文化と呼べるものもありました。でも、縄文《じょうもん》時代が何千年も続いたことからもわかるように、文字を持たない文化というのは、なかなか進化しません。

文明が急速に発展するのは、文字を持ち、知識の蓄積がなされるようになってからです。

文明の発達というのは、ある意味、情報ツールの発達だと言えます。

言葉という情報ツールしか持たなかった人類が、文字という新しい情報ツールを持つことによって、知識を次世代に引き継ぐことができるようになり、文明が一気に加速していきます。

そして、ずっと時代が下ると、十五世紀ドイツのグーテンベルクによる印刷技術の発明があり、印刷物という新たな情報ツールが誕生することによって、マスのコミュニケーションが生まれ、社会はまた一気に進化してきました。さらに、いままた、インターネットという新しい情報ツールの普及によって、社会変化のスピードはどんどん速くなっています。

情報ツールの発明と普及によって、文明は加速していく。これは歴史を見ていく上での、一つの重要なポイントです。

では、日本が文字を持つようになったのはいつでしょう。

日本も最初は文字がありませんでした。最初に存在していたのは、「やまとことば」と言われる話し言葉です。

日本の文字は、中国から「漢字」を輸入したことに始まります。

しかし、ここがとてもおもしろいのですが、日本は、漢字という文字だけはちゃっかりいただくのですが、中国語の構造は、取りいれていないのです。

日本語と中国語は文法も発音もまったく違います。通常なら、文字の輸入は難しい関係です。ところが日本は、日本語の文法、日本語の構造自体は崩さず、ただ、漢字をやまとことばに当てているのです。しかも、普通なら、中国語の発音に合わせて文字を当てていきそうなものなのですが、実際にはかなり自由に当てています。

こうした漢字をやまとことばに当てたものを、「万葉仮名」と言います。

万葉仮名は、言ってみれば「当て字」ですから、見ようによっては小学生の遊びみたいに見えます。でも、実はこの万葉仮名が「すごい」のです。

少し前、よく暴走族関係の人たちが町のあちこちにペンキで落書きをしていました。その定番が「夜露死苦《よろしく》」という当て字です。私はあれを見るたび、「うーん、これも万葉仮名の伝統だなぁ」と思ったものです。

そうです。あの「夜露死苦」という落書きは、日本人の思いをいまに伝える万葉仮名の伝統を踏んだ絶妙な当て字なのです。

なぜなら、「夜露死苦」には、カタカナで書いた「ヨロシク」とも、ひらがなで書いた「よろしく」とも、まったく違う意味が感じられるからです。

実は万葉仮名も、一つの音に、いろいろな漢字を当てはめることで、もとのやまとことばが持つ、さまざまなニュアンスを自在に伝えていたのです。

当て字から読み取る古代日本人の思い

『万葉歌を解読する』（佐佐木隆・著、NHKブックス）という本によると、万葉仮名には、音だけで当てたものと、意味から当てたものの二種類があります。そのため、柿本《かきのもとの》人麻呂《ひとまろ》と大伴家持《おおとものやかもち》ではちょっとやり方が違っているなど、調べてみるといろいろ違いがあっておもしろいのです。この本には、そうした比較が載っていて、私もとても楽しく読みました。

音に漢字を当てる場合、たとえば「い」には伊藤の「伊」、「ろ」には登呂《とろ》遺跡の「呂」、「は」には羽根の「羽」というように決まっていれば、読みやすいのですが、万葉仮名にはそうした決まりはありません。

どのような漢字を当てるかは、書き手に任されていました。それは、歌人が自分の表現したいことにあわせて、文字を選べるという表現の自由が与えられていたということです。

同じ音でも、どんな漢字を当てるかによって、ニュアンスは変わってきます。

たとえば「ち」という音が日本語としてあったとき、その「ち」には、血液の「血」を当てることもできるし、お乳の「乳」も当てはまります。「道」もあるし、霊魂の「霊」という文字も当時は「ち」と読みました。

このように見ていくと、「ち」というのは、流れる血でもあり、流れる乳でもある。道でもあって霊魂でもあるというように、いろいろな意味が広がってきます。

これは逆の見方をすれば、万葉仮名として当てられた文字を見れば、古代の日本人が「ち」という一音に持っていたイメージが、トータルに見えてくるということでもあります。

いまの私たちにとっては、「血」、「乳」、「霊」という字はすべてまったく違うものです。でも、万葉仮名を見れば、古代の人にとっては、すべて「ち」という音で表わされる一つのものだったということがわかるのです。

日本人は昔から言霊《ことだま》といいますが、言葉に非常に強いイメージ・力を感じています。その日本語の持つ複雑さを万葉仮名は教えてくれるのです。

漢字はものすごく数が多く、日本語の音は数が少ない。五十音しかない日本語に山ほどある漢字を当てはめるのですから、そのままではあまりにも音と字のバランスが悪い。しかし、「この音にはこの文字」と決めつけず、さまざまなニュアンスを加味して文字を当てることによって、かえって繊細なニュアンスを伝えることができるのです。

これは、日本語の一音には、もともとそれだけ多くのニュアンス、複雑さがあったということでもあります。

ですから、古代人の「言霊」という一音に込めていたイメージを探っていくとき、万葉仮名を見ていくと、とても勉強になるのです。

世界に誇る日本人の「歌」心

日本最古の歌集『万葉集』は、世界的に見ても画期的な歌集です。

なぜなら、そこには貴族のような支配階級の人が詠《よ》んだ歌だけではなく、防人《さきもり》（九州沿岸の防備のために徴用された兵士）の歌のように、ごく普通の人がつくった歌も含まれているからです。こうしたものが残っているのも、万葉仮名があったおかげです。

リービ英雄《ひでお》さんというアメリカ人の日本文学者の方は、『万葉集』に感動し、万葉集を英語に翻訳した本を出版されています。

もちろん英訳ですから、「五・七・五・七・七」といった、日本語ならではの歌の型に当てはめることはできません。そのため、訳文は歌の意味が中心となります。

型からはずれて意味だけ追った歌なんて、と思われるかもしれませんが、これが読んでみると実におもしろいのです。

それに、正直に言うと、英語のほうがわかりやすいのです。

たとえば、「東《ひんがし》の野にかぎろひの立つ見えて　かへり見すれば月かたぶきぬ」という歌がありますが、いまの私たちには、「かへり見すれば」と言われてもいま一つピンときません。でもこれが「ターンアラウンド（turn around）」というように英語に訳されると、表現が具体的になるので、とてもわかりやすくなるのです。

万葉歌人の心のあり方、美的感覚は、古代日本人独特のものだとされていますが、英語に訳すことによって、世界に通用する感覚になるのです。

日本人が世界に誇れるものはいくつもあると思いますが、万葉集に見えるような自然を歌いあげる美的な感受性も、その一つだと私は思います。しかも日本人は、それを非常に短い文字の中につめこんでしまうのですから、これはすごいことです。

数学者の藤原正彦《ふじわらまさひこ》さんは、作家の小川洋子《おがわようこ》さんとの対談（『世にも美しい数学入門』・ちくまプリマー新書）で、「複雑多様のものを、ひとつの数式で一気に統制してしまう」数学の美しさが、大自然の「本質をパッと切り取る」俳句とよく似ているとおっしゃっていますが、そこには「型」というものの良さがあると思います。

俳句も歌も「型」が決まっています。俳句であれば「五・七・五」、短歌なら「五・七・五・七・七」というように、音の数が決まっているのです。この決まった数に当てはめて心や情景を表現しろと言っているのですから、考えてみると無茶な話です。指を折って数えながら言葉を決めていくというのは、とても不自由なことです。普通は、自然を見て感動したら、心に思った言葉を自由に使いたいと思うはずです。

ところが、そうした「型」に収めていく作業をすることによって、むしろ言葉の研磨作業が行なわれ、表現する感性は研《と》ぎ澄まされていくのです。

そうして研ぎ澄まされた言葉、選ばれた言葉たちが五・七・五・七・七という、私たちの奥底に入りこんで抜けない調子のよさとともに、大きな感動を与えるのです。

考えてみれば、この「五・七・五」というリズムも不思議です。

私たち日本人の記憶に残りやすい言葉は、みなこのリズムに当てはまっています。暗記のための語呂合わせ「鳴くようぐいす平安京」も、交通標語の「飛び出すな車は急に止まれない」も、すべて七五調です。

これも、日本人が「型」の効用を確立していった結果だと思います。

型に当てはめていく作業は、確かに面倒なものです。でも、日本人が歌を楽しむということの中には、意味を伝えながら音の数も揃えていくという、数学的な遊びも含まれているのではないでしょうか。

すごい！ 2

一粒で二度おいしい「かな」の発明

漢字を略して自国の文字にしてしまう抜け目なさ

万葉の人々の心を自在に映した万葉仮名も、いまは使われていません。いま、私たちが使っている「仮名」文字は、「ひらがな」と「カタカナ」です。これら二つの仮名文字が発明されたのは、万葉仮名より後、平安時代に入ってからだと考えられています。

実は、この二つの仮名文字の発明は、世界的に見て「すごい」ことなのです。

おそらく、他国の文字の一部を取ったり変形して、自分の国の文字に作りかえてしまったという民族は、日本だけでしょう。

自分で一から文字を作るのではなく、他人が作ったものの一部をいただいて便利に使ってしまう。この調子のよさというか、抜け目のなさというか。私はこれも実に日本的だと思います。

文字を共有する国というのはよくあります。古代の楔形文字や現在のアルファベットなどは、さまざまな国で使われています。でも、それらはみな、文字をほとんど加工せずに使っています。

日本も漢字は、輸入した形のまま加工せずに使っています。

でもここからがおもしろいのですが、漢字は漢字の良さ、便利さがあるのでそのまま使うけれど、自分たちはそれとは別に「音」をそのまま表わす文字が欲しい。それも、漢字は書くのが面倒くさいので、簡単に書けるものがいい、と日本人は実に手前勝手な発想を展開していくのです。

しかも、日本語のニュアンスを表現するために、「やわらかい」もの（ひらがな）と「カタイ」もの（カタカナ）、二種類作ってしまおうというのですから、なんとも贅沢《ぜいたく》です。

一個もらった物を、二つに分けて使ってしまう。ここには、グリコの「一粒で二度おいしい」、捕鯨《ほげい》は「解体してすべて残さず使う」といった、日本人ならではの抜け目のなさがよく表われています。

まあ、確かに、万葉仮名のように一つの音にさまざまな字が当てられるのは、読みにくいし不便です。話し言葉では音は確定しているのですから、それに当たる文字も確定したいという気持ちもわかります。

でも、それなら、漢字の一文字を使えば良さそうなものです。たとえば「い」という音には「伊」という漢字を当てる、と決めて使うのが普通でしょう。それをしないのが、日本人の画期的なところでもあり、変わったところでもあるのです。

日本人は、取りいれたものを何でも日本風に作りかえてしまうと言われますが、仮名はそうした日本人の特性を実によく表わしています。

ひらがなとカタカナ、二つのコンセプト

日本人の仮名の作り方を見ていると、良くも悪くもそこには本家本元に対する敬意はあまり感じられません。そこにあるのは「もらったものは私のもの」といった自由奔放《ほんぽう》さだけです。

カタカナは漢字から余分なものをそぎ落とし、極限まで簡略化させることで作られています。それはまるで、カンカンカンカンと、ノミで余分な部分を削り落としていくような「彫刻的」な技法です。

一方ひらがなは、漢字をドロドロに溶かし、極限まで柔らかくしたときに生まれる流れを書き留めたような印象を受けます。

こうした技法の違いから生まれる「堅さ」と「柔らかさ」は、たぶん外国人が見ても感じられるものだと思います。外国人にこの二種類の仮名を見せて「二つのグループに分けてください」と言うと、ほとんどの人が間違いなくカタカナとひらがなに分類できるのではないでしょうか。

万葉仮名の用法にニュアンスを込めたように、日本人はひらがなとカタカナの使い分けにも、こうした文字の持つ印象を巧《たく》みに取りいれています。

たとえば、お風呂のお湯に使う文字を、「ゆ」と「ユ」から選べと言われたら、日本人なら、一〇〇％の確率で「ゆ」を選ぶと思います。それは、「ユ」では、お湯で体を緩めたときの柔らかさが感じられないからです。

おそらく、仮名を作るときにすでに、こうした「直線―堅さ」と「曲線―柔らかさ」というコンセプトがあったのだと思います。なぜなら、そうした表現力を持った文字でなければ、日本語の持つ豊かなニュアンスを伝えることはできないからです。

このように、カタカナとひらがなには、万葉仮名とはまたちがったかたちで、日本人の繊細な感性が反映されているのです。

ひらがなの柔らかさと日本人の身体の関係

ひらがなとカタカナ、日本人は、それぞれに違ったニュアンスを感じます。曲線で構成されているひらがなには、柔らかく日本的なイメージがあり、直線で構成されたカタカナには堅く、外来的なイメージがあります。**文字自体にこうしたニュアンスがあるのは、世界的にはとても珍しいことです。**

ひらがなのあの柔らかさは、日本人の身体性と筆記用具が筆だったことが関係しています。筆の運びから生まれる流れる感じがなかったら、「い」という字は出てこなかったでしょう。

筆の達人に見られる、流れるような身体の動き、その運動性、あるいは身体感覚といったものを前面に押し出したのがひらがなです。私たちがひらがなから柔らかさを感じるのは、もともとひらがなが、書における柔らかな筆の運動、身体の柔らかな運動そのものを形として取ることで生まれたものだからなのです。

これは、達人の柔らかさを制度として確定したということですから、すごいことです。たとえるなら、イチローのあの柔らかなスイングを、制度として確定したようなものです。イチロー・スイングを制度として確定して、みんなが使えるようになったとしたら、すごく画期的な事件だと思いませんか？

二つある仮名の中でも、日本人がひらがなを好んで使うのは、あの柔らかさが好きだからです。ひらがなには、桜の花が散るような、梅の香りが漂《ただよ》うような、なんとも言えぬ雅《みやび》なはかなさがあります。

そもそも日本人というのは、小さくてはかないものが好きなのです。『枕草子《まくらのそうし》』で清《せい》少納言《しょうなごん》も言っていますが、日本語の「うつくし」というのは、もともとは「きれい」という意味ではなく「小さく可愛らしい」という意味です。

こうした美意識を持つ日本人にとって、漢字はやはりゴツゴツして「うつくし」と感じられるものではなかったのでしょう。現代人の私たちですら、漢字がずらっと並んでいると、ちょっと制度的で怖い印象を受けます。

でも、堅いイメージがあるだけに、司馬遷《しばせん》の書いた『史記』のような堅い歴史書を記述するには漢字はぴったりです。一字一字漢字を書いていくことが、まるでそのまま歴史を確定していくような、重々しい雰囲気《ふんいき》を醸《かも》し出します。

漢字にこうした重々しいイメージがあるのは、漢字のもとである甲骨文字が、神事に使われたものであったことと関係していると思われます。神事や占いにまつわる文字が持つ独特の神聖さ、人を支配するような強い力を漢字はいまだに秘めているのです。

ひらがなも漢字から生まれているのですが、そうした堅さ、重々しさはまったく感じられません。そこにあるのは、日本人のやわな身体感覚に合った柔らかさだけです。

ひらがなは、女性による和歌や消息文《しょうそこぶみ》（手紙）から生みだされたと言われています。ひらがなの柔らかさは、女性の身体性に合ったものです。

カタカナは、外来語表記に便利に使われています。

たとえば、「カーペンターズ」は、日本ではカタカナで音のまま「カーペンターズ」と表現することができますが、中国ではまるで万葉仮名のように「卡朋特」と表記されていました。

これでは文章を見たとき、どこまでが中国語で、どこが外来語なのかわかりにくい。その点カタカナは、文章をパッと見ただけですぐに、これは外来語だなと見当がつきます。

ひらがなが生んだ最高傑作『源氏物語』

漢字のゴツゴツ感とひらがなの柔らかさから、日本ではひらがなは女性文化、漢字は男性文化という暗黙の棲み分けができていました。実際、ひらがなは女文字と呼ばれ、漢字を用いる歴史書の執筆には男性しか関わることができませんでした。

でも実は、こうした用いる文字の違いが、日本に早くから女流文学という素晴らしい文化遺産を生み出すもととなっていたのです。

日本には世界最古の近代小説とも言うべき紫式部《むらさきしきぶ》の『源氏物語』がありますが、文字はひらがなが用いられています。**これは、ひらがなという柔らかい文字を用いることによって、女の人の持つ繊細な感性が活かされることで生まれた、まさに傑作と言えるものです。**

清少納言の『枕草子』などとあわせて、日本には優れた女流文学が数多く生まれていますが、これもひらがながあったおかげです。

やはり文学は紫式部の『源氏物語』が頂点で、男性の作品は、どれほど素晴らしいといわれるものでも、大きく括《くく》るとその他大勢に入ってしまいます。

では、男性はひらがなをまったく用いなかったのかというと、そんなことはありません。和歌などは、男性作者のものでもひらがなが用いられています。

しかし、『万葉集』に当て字とはいえ漢字が用いられていたこともあり、最初から和歌にひらがなが用いられていたわけではありませんでした。和歌にひらがなが本格的に使われるようになったのは、日本最初の勅撰《ちょくせん》和歌集『古今《こきん》和歌集』からです。

勅撰和歌集というのは、天皇の命によって作られた和歌集という意味ですが、その『古今和歌集』をつくるときに、漢字でいくかひらがなでいくかという論争が起きているのです。

このとき、漢字でいくべきだと主張したのは、太宰府《だざいふ》天満宮で有名な菅原道真《すがわらのみちざね》です。いや、ひらがなでいった方がいいと主張したのは、道真のライバルであり、和歌の名手として知られていた藤原時平《ふじわらのときひら》でした。

この争いは、道真が勢力争いに負け、大宰府に左遷《させん》されることによって、時平に軍配が上がります。ひらがなが日本の社会に定着するのは、このことがきっかけだったと言われています。ちなみに、先ほどの『源氏物語』が書かれるのは、『古今和歌集』から一〇〇年ほど後のことです。

「男もすなる日記といふものを女もしてみむとしてするなり」で始まる『土佐日記』は、日本で最初の仮名文日記です。紀貫之《きのつらゆき》が、自らを女性に仮託して書いたものですが、女文字とされた「かな」を用いて散文を書くことの可能性をいち早く感じとった先駆的作品です。

ひらがなは、日本人にとって、単に便利だというだけの存在ではありません。日本ならではのやわな感覚や、女性的な感覚を表現する画期的な道具であり、最強の武器でもあるのです。

もしも日本に漢字しかなければ、日本人はこれほど感性豊かな文化を育《はぐく》むことはできなかったでしょう。柔らかい運動性を生かした美しい文字が、非常な合理性を持って日本語に取りいれられたからこそ、その後の柔らかい、雅な日本文化が生まれたのです。

すごい！3

翻訳語が推し進めた日本の近代化

漢字をルーズに使いこなしていた明治の文豪たち

日本語には漢字がたくさん使われていますが、この漢字の当て方や読み方にも、実はとても日本的な部分があります。

その典型が「重箱読み」と言われる音読みと訓読みの混ざった読み方です。

音読みというのは、漢字がもともと持っていた中国語の読みを踏襲《とうしゅう》した読み方です。それに対し、訓読みというのは、漢字を日本語に当てることによって生じた読み方です。

重箱読みというのは、「重《じゅう》」という音読みと、「箱《はこ》」という訓読みが混ざっていることからもわかるように、二つの読み方が混ざった、日本ならではの実にルーズな読み方です。

また、最近では、学校教育でどの言葉にはどの漢字を当てるかということが厳しく教育されているので「当て字」を使う人は少なくなりましたが、明治時代の文学作品を見ると、有名な文豪の書いたものでも、とてもたくさんの当て字が使われています。夏目漱石《なつめそうせき》の『坊っちゃん』など、とんでもない当て字が山ほど出てくるので、それを見ているだけでもかなり笑えます。

でもこれは、明治の文豪に教養がなかったということではありません。むしろ彼らは、漢籍《かんせき》については、現代人が足元にも及ばないほどの教養を持っていました。ですからこうした当て字が物語っているのは、**「漢字というのは、それぐらい自由に使っていいものだ」**という意識を、当時の人々が持っていた、ということなのです。次ページに『坊っちゃん』に使われている当て字の一部を挙げてありますが、漱石の生原稿が載っている『直筆で読む「坊っちゃん」』（集英社新書）が出版されているので、参考にしてみてください。

逆に言えば、当時は、書く方も読む方もある程度漢字慣れしているので、その当て字にさまざまなニュアンスを込めたり、読み取ったりと、融通をきかせて便利に使っていたということです。

明治を作った人、明治に活躍した人というのは、実は江戸時代の末期の人々です。幸田《こうだ》

[夏目漱石『坊っちゃん』に登場する当て字]

何でも蚊（か）んでも	威嚇（おど）かされて
焼持（やきもち）	護謨（ゴム）
食ひ心棒（しんぼう）	私語（ささや）き
瓦落多（がらくた）	手巾（はんけち）
仮令（たとい）	矢鱈（やたら）
序（ついで）に	其方（そっち）
喋舌（しゃべ）る	矢（や）っ張（ぱ）り
毬栗（いがぐり）	当地（ここ）
御負（おま）けに	下味（まづ）い
一寸（ちょっと）	八釜（やかま）しい
歩行（ある）いて	左様（さう）ならなくつちや
屹度（きっと）	真心（まこと）
図迂図迂（ずうずう）しく	最（も）う
可成（なるべく）	彼奴（あいつ）
癇違（かんちが）い	閉口（へこ）たれて
薩張（さつぱ）り	歴然（れっき）と
是丈（これだけ）	六（む）づかしく
悪漢（わるもの）	打（ぶ）つ潰（つぶ）して
些（ち）と	焦慮（じれつた）いな

どこまでが当時の慣用で、どこからが漱石独自のものかは不明だが、たくさんの当て字が見られる。

露伴《ろはん》や夏目漱石、森鷗外《もりおうがい》や福沢諭吉《ふくざわゆきち》といった有名な作家や思想家たちは、みな江戸時代の生まれです。

彼らにとって学問と言えば、それは文句なしに「素読《そどく》」を意味しました。素読というのは、文章の意味を気にせず、とにかく暗誦《あんしょう》できるようになるまで、ひたすら漢籍を繰り返し音読することです。考えなくても読んでいるうちにわかる。「読書百遍、意自《おの》ずから通ず」という言葉がありますが、まさにそれです。

明治以前は、主に『論語』などをテキストに、漢籍の習得方法として、この素読がひろく行なわれていました。

明治の文豪は、こうした素読世代の人々なので、漢字の読み書きが、まるで空気を吸うように自然とできたのです。

そして、実は、そういう素読世代の人たちが、自由自在に漢字を扱い、近代の日本語をつくっていったからこそ、日本はいち早く近代化することができたのです。

明治の翻訳語の発明が、いまの日本を作った

仮名の発明が、日本の繊細で優美な文化を育む素地《そじ》となったように、**明治時代の「翻訳語」の発明は、日本が近代化をいち早く推し進める基礎を築きました。**

この翻訳語は本当にすごい！　と言えるものです。

明治維新とともに、日本には多くの外来語と外国文化の概念が大量になだれ込んできました。外国文化を学び、列強に追いつくためには、西欧列強の技術力だけでなく、その文化的概念を自分のものとすることが必要でした。

そこで発明されたのが、「翻訳語」です。

現在私たちが日常的に使っている言葉には、実はこのとき作られた、あるいは、輸入した外国語の概念の訳語として新たな意味を与えられた翻訳語が、たくさん含まれています。

「幸福」「社会」「権利」「演説」「民族」「国家」「宗教」「信用」「自然」「科学」「芸術」「理性」「技術」「国際」「基準」「哲学」「革命」「思想」「心理」「意識」……。

これらはすべて明治に生まれた翻訳語です。翻訳語はほかにもたくさんあり、数えあげたらきりがありません。

こうした翻訳作業には、西周《にしあまね》（現在の獨協学園を創設した教育者・啓蒙家）や福沢諭吉をはじめ、多くの学者が関わり、それぞれに試行錯誤が加えられています。

たとえば「権利」という言葉は、英語の「right（ライト）」という言葉の訳語ですが、これは『学問ノスス メ』にも出てきます。ただし、福沢諭吉は、利益の「利」ではなく、理由の「理」を当てて「権理」という字を使っています。

しかし、結局は「利」の字を用いた「権利」として定着してしまいます。しかし、私も、これは福沢の主張が正しかったと思っています。

権利が「利」ではなく「理」であれば、そこには利益ではなく理由があるということになるからです。「権理」ならば、主張することに対して、こちらに理がある。つまり、正当な理由があるのだから、そこに遠慮はいらない、と思えます。でも、利益の「利」を使ってしまったことで、権利を主張するというと、なんとなく、自分の利益ばかりを主張するといったイメージが感じられてしまうのです。

あいつは権利ばっかり主張して義務を果たさない、という言い方がよくされますが、そこには「権利＝利益」というニュアンスが込められています。

そのためか、日本ではプロ野球選手がＦＡ権を取得するようなときでも、どことなく周りを見てしまうような、「気まずさ」が漂います。でも、これが最初から「権理」であれば、ＦＡ権ももっと違ったイメージで受け取られていたのではないでしょうか。

どの字を用いるかによって、これほど違うイメージを与えてしまうのですから、翻訳語の作成は本当に大変な努力の積み重ねだったと思います。

おそらくいまの日本人には、到底まねのできない偉業です。

事実、数年前にあまりにも外来語が多くなってしまったので、国立国語研究所が、外来語（カタカナ語）を日本語に置き換える「言い換え語」なるものを作って発表したことがありましたが、一向に使われる様子はありません。使われないということは、こう言っては何ですが、うまく翻訳できていないということです。

明治の初期に、膨大《ぼうだい》な外来語を漢字を用いて翻訳できたのは、当時の日本人に漢学の素養があったからこそです。つまり、明治の日本人は、漢字を自在に使えるという技術をフルに活用することで言語の精度を高め、それによって西洋文化を自分のものとし、近代化にいち早く成功したのです。

翻訳語なしでは何も考えられない

先ほど、明治の翻訳語をいくつか例に挙げましたが、こうした日本語なしでは、もはや私たちは何も考えることができなくなっています。

つまり、日本人は、あの時期に欧米の重要な概念のほとんどを日本語の中に取りこんでしまったのです。

概念というのは、考えるための道具ですから、とても大切なものです。

いま私たちは、「幸福」や「社会」、「権利」といった言葉を使って、いろいろなことを考えることができます。でもそれを使っているということは、それを失ったら、考える道具を失うということでもあります。翻訳語を失ったら、私たちは現代の出来事について、何も考えられなくなってしまうでしょう。

ですから、欧米の言葉をきっちり概念として日本語の中に位置づけたという翻訳語の功績は、日本の近代化において、計《はか》りしれないほど大きなものなのです。

私はいまの日本人に、このありがたみというものをもっと強く認識してほしいと思っています。

「福沢諭吉、ありがとう！」「西周、ありがとう！」

日本人は、もっと声を大にして、言葉を作ってくれた明治の先賢に感謝すべきです。

日本語というのは、すごい言語です。

中国から漢字を輸入して使っただけでなく、それを換骨奪胎《かんこつだったい》して完全にオリジナルな文字を二種類も作ってしまう抜け目のなさ。そして、西洋と出会うと、その概念をすべて取りこみ、オリジナルの言葉を作りだして、概念そのものを自分のものにしてしまう包容力。

実は、この翻訳語の作り方も、実に日本らしい二段構えで行なわれています。

一つは、漢籍の中にもともとある概念を、西洋の概念と結びあわせることで作る方法。

もう一つは、日本人の感性で漢字と漢字を組み合わせて、西洋の概念をうまく表現する新しい熟語を作りだす方法です。こうして生まれた、中国語にはない熟語が、日本にはたくさんあります。

もう一つ、おもしろいのは、非常に短い期間にこうした翻訳語が作られ、使われていったにもかかわらず、日本人のほとんどが、それを「ああ、そうなの」「こう使うのね」といった程度の感覚で、実にスムーズに受けいれて使っているということです。

しかも、日本人はとても新しもの好きなので、すごいスピードで新しい言葉が社会に浸透していきます。

諸外国では、苦労して頭を切りかえ、近代の概念を必死で受けいれていったのに、日本人はいともたやすく、新しい言葉を楽しみながら使うことで、自然と近代的な価値観、西洋の概念というものを一気に取りいれて近代化してしまったのです。

近代化において最も大事なのは、鉄道の敷き方やインフラの整備といった技術の導入ではありません。本当に大切なのは、そうしたものを生みだすものの考え方、概念の導入です。

日本は、そうした概念を、翻訳語のうまさによって下支えできたからこそ、「じゃあ憲法をつくろう」「議会をつくろう」というときにも、外国のものを日本語に置きかえるだけで、手に入れてしまっています。まあ、日本語にしてしまえば、それはもう日本の憲法になる、というあたりは安直といえば安直ですが、それができたのは、間違いなく当時の日本人が「絶妙な言語感覚」を持っていたからなのです。

日本語の上達には英文和訳が効く！

実は、日本語を上達させる最もよい方法は、外国語を日本語に翻訳することなのです。考えてもみてください。近代日本語の基礎を作った一人である夏目漱石は、英文学者です。言文一致という画期的な表現を生みだした二葉亭四迷《ふたばていしめい》の専門は、ロシア語の翻訳です。

森鷗外はドイツ語の翻訳、福沢諭吉は若い頃はオランダ語を学び、後には英文の翻訳を数多く手がけています。

最近の作家で言うと、村上春樹《むらかみはるき》さんが翻訳する作業と小説を書く作業を同時並行していらっしゃいますが、やはりとても優れた日本語を書かれます。

かく言う私も、日本語が最も上達したと感じたのは、英文和訳をしたときでした。

英文和訳をするには、難しい英語にありがちなカンマ、カンマが続いていくあの複雑な文章をどこで切ればいいのか、何が大きな主語で、何が先行詞なのか、といった構造を、まず理解しなければなりません。そして、理解した上で、それをわかりやすい日本語に書いていくのですから、どうしてもそこで日本語の構造化が求められます。

翻訳が日本語を上達させるのは、こうした翻訳文を書くときの構造化が、論理的な日本語、複雑な日本語を書くときにとても役立つからです。

最近は、翻訳の技術が上がり、ほぼズレなく外国語と意味を交換できるようになっています。これは、それだけ日本語の精度が上がってきたということです。いまの私たちはそのことを当たり前のように思っていますが、実は明治期に多くの人が盛んに翻訳に取りくみ、日本語の精度を上げてきたことが、いまの礎《いしずえ》となっているのです。

日本語というのは、もともとは感覚的な表現を得意とする、やまとことばから始まっています。そこに、抽象的な概念や、豊富な記述様式を持った中国語が入ってきたことにより、日本語は大きく飛躍します。

そして、仮名の発明により、感覚的な表現力を維持したまま、新たな概念を取りこむことで、論理的な思考ができる言葉にブラッシュアップされました。

さらに、明治期に欧米のものの考え方が入ることによって、日本語は、現在のワールドワイドな、いわば和洋中の粋《すい》を集めたようなすごい言語へと仕上がっていったのです。

第3章

「大化《たいか》の改新」と藤原氏

――ナンバー2が支配する日本統治の始まり

すごい！1

大化の改新はなぜ正当化されるのか

なぜ「テロ事件」がクローズアップされるのか

外国人が日本の歴史を見たとき、最もわからないのは、天皇と将軍という二人のトップが併存していることだそうです。日本人にとって「天皇制」は、当たり前のことなので、あまり疑問は感じないのですが、外国から見ると、変わった体制に見えるようです。

なぜ日本は、こんな不思議な統治機構になっているのでしょう。

この問題を突きつめていくと、実は、飛鳥《あすか》時代の「大化の改新」にたどりつきます。

大化の改新は、天皇による中央集権国家が成立した出来事として、歴史の教科書でも大きく扱われているので、皆さんもご記憶にあると思います。

[年表] 大化の改新と藤原氏の摂関政治

年代		出来事
587		蘇我氏、物部氏を滅ぼす
592		蘇我馬子、崇峻《すしゅん》天皇暗殺
593		聖徳太子、政務に参加
603		冠位十二階制定
604		憲法十七条制定
643		蘇我入鹿、山背大兄王を自殺に追いこむ
645	大化1	乙巳《いっし》の変（蘇我入鹿暗殺）、難波宮《なにわのみや》遷都
646	2	改新の詔《みことのり》
710	和銅3	平城京遷都
718	養老2	藤原不比等ら、養老律令《ようろうりつりょう》制定
720	4	『日本書紀』成立
729	天平1	藤原不比等の娘光明子《こうみょうし》、皇后となる
794	延暦13	平安京遷都
810	弘仁1	藤原冬嗣《ふゆつぐ》、蔵人頭《くろうどのとう》となる
858	天安2	藤原良房《よしふさ》、摂政となる
884	元慶8	藤原基経《もとつね》、関白となる
901	延喜1	菅原道真、大宰府に左遷
1017	寛仁1	藤原道長、太政大臣に。頼通、摂政に
1086	応徳3	白河上皇、院政を開始
1158	保元3	後白河上皇、院政を開始
1192	建久3	源頼朝、鎌倉幕府を開く
1198	9	後鳥羽上皇、院政を開始

一連の改革は、皇極《こうぎょく》天皇の治世四年（六四五年）六月十二日に飛鳥板蓋宮《いたぶきのみや》で起きた、中大兄皇子《なかのおおえのおうじ》と中臣鎌足《なかとみのかまたり》（後に藤原鎌足）による蘇我入鹿《そがのいるか》の暗殺に始まります。これが乙巳《いっし》の変です。

『日本書紀』によれば、この暗殺事件は、天皇を脅《おびや》かす権勢を誇っていた蘇我入鹿を討つことで、政治の実権を天皇家に取り戻すことを目的とした、中大兄皇子と中臣鎌足によるクーデターとされています。

事件の翌日、入鹿の父である蘇我蝦夷《えみし》は、すでに逃げ場のないことを悟り自殺。推古《すいこ》天皇の治世から、その勢力を伸ばしてきた蘇我氏総本家は、ここに滅亡します。

確かに、中央集権国家への転換を可能にしたという意味では、この事件には大きな意味があったと言えます。

朝廷はこのあと、「大化」という年号を制定し、四箇条からなる「改新の詔《みことのり》」を出し、蘇我入鹿というとんでもない悪人から天皇が政権を取り返したことと、これからは新しい国づくりを天皇が行なっていくんだということを盛んにアピールしました。

でも、冷静になって考えてみてください。「改新」という名から、いかにも素晴らしいことのように思ってしまいますが、手段は「テロ」、はっきり言えば人殺しです。

しかも、天皇にも内緒で、だましておびき寄せた丸腰の相手にいきなり斬《き》りかかって首を刎《は》ねているのです。さらには、そのテロ行為が行なわれたのが、三韓《さんかん》（当時の朝鮮半島南部のこと）朝貢《ちょうこう》という公の行事の席だったというのですから、なにをかいわんやです。暗殺事件が、日本の歴史の中で、正当な出来事としてこれほどクローズアップされているのは不思議なことです。

こんなテロ事件が正当化されてしまったのは、主犯が天皇の皇子であり、その後の政治の実権をその主犯たちが握ったからです。そうでなければ、この事件は、権力闘争におけるやってはいけないテロ事件として扱われたはずです。

確かに当時は、蘇我氏の権力がこのまま拡大していったら、おそらく天皇というものが確立しなかっただろうと思われるほど危機的な状態だったと言われているので、強硬手段もやむを得なかった面はあるのかもしれません。

それでも天皇にも知らせず、中大兄皇子と中臣鎌足、あとはほんの数人の仲間だけで、この凶行に及んだことは、褒《ほ》められたものではありません。

大化の改新は、その後の天皇家のいわば権威の象徴のような事件なので、大きく扱われたのだと思いますが、ちょっとクローズアップされすぎたように私には思えるのです。

でも、天皇の皇子が、時の権力者をだまして謀殺したという、いわば不名誉な事件が、なぜこれほどまでに大きく扱われてきたのでしょう。

実は、ここには、とてつもなくすごい藤原氏の深慮遠謀《しんりょえんぼう》が隠されていたのです。

ちなみに、かつては大化の改新というと入鹿暗殺のイメージが強かったのですが、現在は、改新の詔が出されてからの一連の改革のことを指すようになっています。また、この改新の詔についても、日本書紀による脚色が加わっているという見方が有力です。

事件の主犯、中臣鎌足

目の前で側近だった入鹿の首が刎ねられるのを見た皇極天皇は、女性だったこともあり、ショックのあまり退位してしまいます。そして、代わって皇極天皇の弟、軽皇子《かるのみこ》が新たに即位するのですが、実はこのときにも一悶着《ひともんちゃく》起きています。

最初、皇極天皇は、主犯の中大兄皇子に皇位を譲ろうとしました。ところが、皇子はかたくなにこれを拒み、軽皇子を推します。しかし、軽皇子も皇位に就《つ》くのをいやがり、中大兄皇子の異母兄である古人大兄皇子《ふるひとのおおえのおうじ》を推薦します。まるでババ抜きの「ババ」のような押し付け合いです。結局、この古人大兄皇子が出家してしまったため、仕方なく、というかたちで軽皇子が天皇に即位したのです。

天皇位に就くことを固辞した中大兄皇子は、このとき皇太子になっています。つまり、彼は、本当に天皇位に就きたくなかったから辞退したのではなく、事件の主犯だったが故に、ワンクッション置いたということです。

中大兄皇子は、皇太子の立場で、天皇中心の中央集権を推し進め、自らの望む体制づくりを進めていきます。ここだけ見ると、中大兄皇子がいかにも主犯ですが、私は、実は中臣鎌足こそくせ者だったと思っています。

本当の意味で、このとき実権を握ったのは、鎌足だったのではないでしょうか。

なぜなら、あれ以降、日本はずっと藤原氏の支配下に入ってしまうからです。

天皇親政、天皇中心のように見えますが、実際は天皇のすぐそばにいて実務をこなしていた藤原氏が、最もおいしいところを独占しています。

天皇というのは、実はとても忙しいのです。

毎日毎日たくさんの儀礼があり、面倒くさい神事の神官も務めなければなりません。

そもそもなぜ天皇に権威があるのかというと、天孫の子孫である天皇家の人間だけが天と交わって神と交信することができると考えられたからです。

ですから神事は、天皇にとって、どんなに忙しくても省《はぶ》くことのできない大事な仕事だったのです。

そういうポジションですから、天皇には、実務を行なってくれる人間の存在が必要となります。鎌足はそこに目を付けたのです。

いまの天皇がいるのは、鎌足のおかげ?

時代は少し下りますが、平安時代中期に権力を握った鎌足の子孫、藤原道長《みちなが》は、「この世をばわが世とぞ思ふ望月《もちづき》の　欠けたることもなしと思へば」という有名な歌を詠んでいます。

これを現代の言葉に直すなら、「つくづくこの世は俺のものなんだなぁと思うよ、だってあの満月のように、まったく欠けているものがないんだから」となります。まさに、おいしい汁をお腹いっぱい吸いつくした人間でなければ、出てこない心情でしょう。

その藤原氏支配を支えたのが摂関《せっかん》政治でした。摂関政治とは、藤原氏が、代々摂政《せっしょう》や関白《かんぱく》となって、天皇に代わって政治の実権を独占するという政治形態のことです。

摂政というのは、もともとは天皇が幼かったり、女性だったり、体が弱かったりしたときに、天皇に代わって実務を行なうために置かれる役職でした。聖徳太子《しょうとくたいし》が、推古天皇の摂政を務めていたことは有名です。

関白は、家臣としての最高位で、やはり、天皇の代わりに実務を担《にな》う役職です。

この「天皇の代理」の役職を、藤原氏は独占してしまうのです。

皆さんも、「五摂家《ごせっけ》」とか「摂関家《せっかんけ》」という言葉を聞いた記憶があると思いますが、これらは「摂政や関白になれる五つの家」という意味です。これは、逆の言い方をすれば、その五家以外は、摂政にも関白にもなれないということです。そして、この五摂家とは「近衛《このえ》家」「一条《いちじょう》家」「二条《にじょう》家」「九条《くじょう》家」「鷹司《たかつかさ》家」を指すのですが、実はこれらはすべて藤原氏なのです。

藤原氏の嫡流《ちゃくりゅう》が五摂家として定着するのは鎌倉時代。それ以降、旧皇室典範《こうしつてんぱん》が作られる明治まで、摂政・関白の役職は、一時期の例外を除き、すべて藤原氏が独占しつづけます。

その例外というのは、戦国時代に天下統一を果たした豊臣秀吉《とよとみひでよし》(と養子の豊臣秀次《ひでつぐ》)です。でも、この例外ですら、秀吉が五摂家の一つ、近衛家の養子となるかたちをとることで実現しています。

ちなみに、現在の皇室典範にも摂政という役職は残っていますが、その任に就くことができるのは、成年に達した皇族に限られています。

では、なぜこれほどまでに藤原氏が高位を独占することができたのでしょう。

そこには、大化の改新そのものが藤原氏の手を借りるかたちで行なわれたという事情が関係しています。

つまり、中大兄皇子が実権を握れたのは、鎌足の助けがあったからだということです。

ですから、『日本書紀』にその記録を残し、後の時代でもことあるごとに大化の改新を強調してきたというのは、実は「藤原氏の協力があったからこそ、いまの天皇家はあるのだ」と、鎌足の功績を常にアピールすることで、摂政・関白の地位を藤原氏が独占していることの正当性をアピールしていたのです。

「中臣鎌足がいなかったら、いまの天皇はいないのだぞ」という「切り札」を出されると、日本人はみんな黙らざるをえない。そうした状態を作りだしたことこそが、藤原氏が長期にわたって、その地位を維持しつづけることができた理由だったのです。

すごい！ 2

現代にまで続く摂関政治の巧妙さ

日本は「ナンバー2」の国

日本の政治の特徴は、この摂関政治に代表されるように、常にナンバー2が実権を握ってきたというところにあります。**権威としてのトップと、実質的なトップが併存し、実質的なトップは常に社会的にはナンバー2の地位にいたということです。**

つまり、この時代に摂関政治によって「ナンバー2が実権を握る」という巧妙な支配形態が作られたことが、実は、その後長く日本に二人のトップが併存するという不思議な統治形態を作りだすもととなっていたのです。

摂関政治のすごいところは、実権者の権威のよりどころを自分以外のところ、つまり天皇に持っていけるということです。

普通、トップが一人しかいなければ、自分の権威の正当性を自ら証明しなければなりません。これはなかなか難しいことです。

中臣鎌足は、一応、中臣氏の一族ですが、大化の改新以前はまったく無名の人物でした。ですから彼自身、いくら天皇に認められ高位に就いても、自分が命令したのでは、誰も言うことをきかないだろうということを知っていたのだと思います。だからこそ、天皇の下について、**「これは私が言っているんじゃなくて、天皇のご命令なんですよ」**というかたちをとる方法を思いついたのでしょう。

天皇の権威を、自らの権力行使に利用したのです。

この時代以降、『勅撰和歌集』とか『勅諭《ちょくゆ》』とか「勅」の字のついた命令がたくさん出されるようになりますが、この「勅」という字が付いているということは、「これは天皇の命令です」というお墨付《すみつ》きであることを意味しているのです。

でも、実際のことを言えば、『勅撰和歌集』でもさまざまな『勅諭』でも、それ自体を作るのは天皇ではありません。

戦前に『教育勅語』というものがあり、まるで天皇が国民に語りかけているような文体になっていましたが、あれを作ったのは、天皇ではなく、当時内閣法制局長官の任にあった井上毅《いのうえこわし》です。

しかし、誰が作ったものなのかということは、実は問題ではないのです。大切なのは「天皇のお墨付き」である印、「勅」という文字が付いていることなのです。

天皇は日本人にとっては、神にも等しい存在でした。その神の印である「勅」が付くと、誰が作ったものであろうと、誰が出した命令であろうと、神の言葉、神の命令になってしまうのです。これはもう人の立場では、逆らったり覆《くつがえ》すことはできません。

こうした「お墨付きをもらう」というやり方は、いまも日本のさまざまなところで活用されています。

たとえば、企業でもそうです。企画書、決裁書、辞令……それ自体を誰が作ったのかは問題になりません。重要なのは、その書類にトップの判子をもらうことです。

企業でトップの判をもらうことが、その書類に関する責任の所在をトップに帰属させるように、天皇から「勅」のお墨付きをもらうということは、たとえその命に問題が生じたとしても、責任は天皇にあるということです。そのため、何が起きても藤原氏には一切傷がつきません。

つまり、藤原氏の行なった摂関政治というのは、自らを安全な場所に置いたまま、政治を自分の思い通りに動かせるという、すごい政治システムだったのです。

摂関政治は母系社会だからこそ成立した

では、藤原氏は、どのようにして天皇を意のままに操《あやつ》ったのでしょう。

ここにも藤原氏が開発したすごいシステムが存在しています。

藤原氏の祖、中臣鎌足は、後に天皇となる中大兄皇子のクーデターを支援することで恩を売り、自らの地位を勝ちとりました。

天皇も、鎌足には恩があるので、彼の言うことには何かと融通をきかせます。しかし、いくら自分が天皇に気に入られても、天皇が代わってしまえばそれまでです。

そこで鎌足は、天皇が代替わりしても、絶対に藤原氏の権力が揺るがない方法を編み出します。それは、自分の娘を天皇に嫁《とつ》がせるというものです。

当時の天皇は、何人もの奥さんを持つのが常識でしたから、娘を天皇に嫁がせること自体はそれほど難しいことではありませんでした。

そして、鎌足の子、不比等《ふひと》は娘の宮子《みやこ》を文武《もんむ》天皇に嫁がせ、その間に生まれた皇子の即位を図り聖武《しょうむ》天皇としました。さらに、別妻との間に生まれた娘の光明子《こうみょうし》を聖武天皇の夫人として送りこみ、天皇家との密接な結びつきを築きます。

九世紀に入ると、その子孫である藤原北家の冬嗣《ふゆつぐ》と良房《よしふさ》の親子はさらに外戚《がいせき》関係を強めていきます。良房は、娘の明子《あきらけいこ》を道康《みちやす》親王（後の文徳《もんとく》天皇）の妃とし、その息子を九歳で清和《せいわ》天皇として即位させると、実質的に摂政の役割を果たすようになりました。

このようにして、次第に摂政・関白が常置されるようになり、藤原氏が常にその位置を占め、十一世紀に入って道長、頼通《よりみち》親子の時代になると、藤原氏は摂関家として全盛期を迎えるのです。

このやり方は実に賢い方法です。

なぜなら、子どもというのは、母親につくものだからです。

実は、日本というのは、ずっと母系社会なのです。「家」自体は父系で継いでいくので一見すると父系社会のように見えますが、実権をナンバー2が握っているのと同じで、実際は母系のほうがはるかに強い絆《きずな》を持っているのです。

いまも昔も、子どもはどこで育つかというと、母親の元です。

いまも里帰り出産が主流ですが、女性というのは、実家に帰りたがるものなのです。実家に帰れば、そこにいるのは実の両親ですから、気楽に甘えることができます。親にとっても、娘が産んだ子というのは、嫁が産んだ子よりも、かわいがりやすいものです。子どもは、母親が気楽に過ごしている環境のほうが落ち着くので、自然と母親の実家になじむようになります。

これに対し、夫の実家というのは、女性にとっては居心地の悪い場所です。よく言われる嫁姑の問題がなかったとしても、そこにはどうしても遠慮が生じるので、実家のような気楽さは生まれません。楽じゃないところから足が遠のくのは、人間の自然な心理です。そして、お母さんがあまり行きたがらないところに、子どもがなじみにくいのも自然の成りゆきです。

子どもはお母さんと常にセットなので、お母さんが嫌なものは嫌なのです。だから父系の親戚とは疎遠になっていき、母系の親戚とは関係が密になっていくのです。

つまり、天皇に自分の娘を嫁がせるということは、その次の世代の天皇、つまり娘の産んだ皇子を、何の苦労もなく藤原氏側の人間とすることができるという、非常に優れたやり方なのです。

決して天皇の位は脅《おびや》かさない。むしろ天皇の権威が増せば増しただけ、自らがもらうお墨付きの権威が高まるので、藤原氏は徹底的に天皇の権威が守られるよう力を尽くします。

そして、その上で天皇に自らの娘を嫁がせ、未来の天皇の母方の祖父となることで、天皇を意のままに操っていきました。

ですから、この摂関政治というのは、日本の本質が母系社会的な流れにあることを見抜いた上で、藤原氏が作り上げた、絶妙な政治形態だったのです。

すごい！ 3

日本における「天皇」の役割とは

天皇が頑張るとうまくいかない？

摂関政治が何代か続いたとき、天皇はふと気づきます。

「俺がいちばん偉いはずなのに、実権は藤原氏に全部握られてしまって、忙しいばかりでなんにもうまみがない」と。

一応、最高権威者として祭り上げられているのですから、それに見合った実権を持ちたいと思うのは、ある意味当然のことと言えるでしょう。

そう気づいた天皇が権力奪還の秘策として打ち出したのが、「院政」です。

院政というのは、天皇を引退し上皇《じょうこう》（正式には太上《たいじょう》天皇）となって、天皇に代わって政務を直接行なうというもので、十一世紀終わり頃の白河《しらかわ》上皇が始まりとされています。

上皇になってしまえば、公務や神事から解放されます。なんといっても元天皇なのですから権威はあるし、時間もある。それに、天皇は自分の子どもか孫なのですから、これなら藤原氏に対抗できる、と思ったのでしょう。

「藤原家が天皇の母方の祖父《じい》さんとして実権を握るのなら、俺だって父方の祖父さんだ。俺の方が直系なんだから支配してやる」というのが、院政を敷いた上皇の本音です。

ところが、実際にやってみると、これがあまりうまくいかないのです。十二世紀後半の後白河《ごしらかわ》上皇や十三世紀初めの後鳥羽《ごとば》上皇など、かなりいいところまでいった上皇もいるのですが、システムとして長続きしませんでした。

やはり、父系は母系にはかなわない、ということなのでしょう。

それに、院政がうまくいっているときというのは、後白河上皇のときは平治《へいじ》の乱に源平の戦い、後鳥羽上皇のときは鎌倉幕府の有力な御家人であった和田義盛《わだよしもり》の挙兵や実朝《さねとも》の暗殺というように、なぜか国内に争いが絶えません。

そうなると、人々の心も上皇から離れていきます。摂関政治の方が平和でいい、やる気のある上皇（天皇）はいらない。周囲がそういう気持ちになってしまうので、ますますうまくいかなくなってしまうのです。

天皇が弱くても続いたのはなぜか

支配というのは、本来は「名」と「実」の両方があるということです。しかし日本では、この両方を持とうとすると、どうもうまくいかないようなのです。摂関政治のように別々にした方が、日本人にはちょうど良いバランスに感じられるようです。

そして実は、この「名と実を分ける」ということが行なわれたからこそ、天皇家はいまに至るまで絶えることなく存続しつづけることができたのです。

普通、政治権力というのは、前の権力者を滅ぼすことで交代していきます。これは中国を見れば一目瞭然ですが、王朝が代わるということは、ほぼ一〇〇%、前の権力者を滅ぼすということです。

日本において、鎌倉、室町、江戸と事実上の支配者が代わっても、天皇家が存続し得たのは、天皇が「名」しか持っていなかったからです。

こう言っては何ですが、天皇は強大な武力を持っているわけではないのですから、滅ぼそうと思えば簡単に滅ぼせます。それなのに、誰もそれをしなかったのは、生かしておくメリットがあったからです。

権力者にとってのメリットというのは、藤原氏が天皇に求めたものと同じです。つまり、自分たちが国を支配することの正当性を、周りの人々に認めさせる権威を持った「お墨付き」です。

幸い、天皇家の権威は、時代時代の権力とは関係のないところで、神話の体系を作るなどして綿々と作りあげられてきたものですから、いつの時代でも盤石《ばんじやく》です。何しろ、天皇はこの国を造った神の直系の子孫ということになっているのです。

それが本当かウソかということは関係ありません。なぜなら「みんなそういうふうに信じよう」というお約束ができあがっているからです。

このお約束をつくったのは藤原氏です。鎌足は、後の摂関政治へとつながる、天皇家との密接な関係を築きました。そのあとを継いだ息子の不比等《ふひと》は『日本書紀』の編纂《へんさん》に関わったと言われています。『日本書紀』によって、天皇の正統性を証明する神話の体系がつくられ、ある意味、天皇はその盤石な権威に縛《しば》りつけられました。

そして、天皇をがんじがらめに縛りつけることで、その天皇を大化の改新のときに助けた藤原氏の正当性を認めさせたのですから、非常に賢いやり方と言えるでしょう。

激動の日本史をずっと天皇家が生き残ってこれたのは、この鎌足と不比等によってなされた「お約束」の賜《たまもの》です。そして、天皇家が生き残るということは、それにぴったりと寄り添っている藤原氏も生き残るということだったのです。

天皇制は日本人の曖昧《あいまい》さの根源

先ほど、天皇の権威は、権力とは関係のないところにあると言いましたが、そういう実質的な争いとは別格なところに最終地点を置くというのは、国を治めるにあたっては、非常に巧妙な手段です。

どんなに国が乱れても、なぜか、どこかひそやかに天皇家が息づいてこれたのは、日本においては、権威と権力が異なるものを基盤としていたからなのです。

権力が揺らいでも、日本には決して揺らがない天皇という権威がある。

だからこそ、幕末維新のように権力が失墜したときに、すぐにパーッと天皇が檜《ひのき》舞台に駆け上がることによって、事態を治めることができたのです。

これは、日本ならではの統治機構の工夫だったとも言えるでしょう。

この、権力の基盤を、まったく別のところにある権威にゆだねるというやり方には、先に述べたようなメリットがある反面、デメリットもあります。

それは、権力者の責任の所在が曖昧《あいまい》になるということです。

権力者であっても、その正当性を認めさせているのは、現実世界とは別のところにある権威です。そのため、権力者であっても、イザとなると、「神のような人がいて、その人が決めたのだから、俺たちは関係ないよ」という逃げの論理が、生まれてしまいます。

じゃあ、その神のような人が権力者に代わって責任を取るのかというと、取りません。と言うより、取れません。なぜなら、その神のような人には、この世的な力は何もないからです。結局、誰も責任を取らないという状態が生じてしまうのです。

歴史的に見れば、太平洋戦争において、その弊害が最も顕著な形で出てしまったといえるでしょう。天皇陛下のため、ということだけが前面に出て、責任の所在がどこにあったのかは、はっきりしません。

現代では、不正が発見されたときの企業などにおける、責任のなすり合いなどに見られます。

下の人間は、「上の承認が得られたからやったのだ」と言い、上の人間は、「現場のことはわからない。現場の人間を信用して承認したんだ」と言う。結局どちらも責任を自分以外のところに押しつけて、責任を取ろうとしないのです。

こうした類似から、日本人的な曖昧さの根源は、天皇制にあると言う人もいます。

そうした天皇制の功罪はともかく、**藤原氏が作りあげた「権威としての天皇制」というものが、日本の統治機構を安定させる一つの巧妙なシステムとして機能してきたことは、まぎれもない事実です。**

この権力と権威、実と名を分けるという日本特有の感覚は、いまも日本人の中に根強く生きています。

それがいまから一三〇〇年以上も前の、テロ事件に端を発する藤原氏の深慮遠謀から生まれたものだと考えると、私は「恐るべし藤原氏」と思わずにはいられません。

第4章

「仏教伝来」と日本人の精神

――「ゆるさ」が可能にした神道との融合と禅の進化

すごい！ 1

仏教に見る日本人のゆるさ

「鎮護《ちんご》国家」という矛盾したお願い

日本の仏教というもののおもしろさを考えたとき、私が最もおもしろいと思うキーワードは「鎮護《ちんご》国家」です。鎮護国家とは、文字通り「国を鎮《しず》め、護《まも》る」ということです。

では、何に守ってもらうのか、というと、「仏様」に国家を護ってもらおうというのです。これがいわゆる「国家仏教」と呼ばれるもので、奈良時代の仏教の性格をよく表わしています。でもこれは、実は筋違いもはなはだしいお願いなのです。

どういうことかというと、仏教と国家とは、そもそも相容《あいい》れないものなのです。仏教の考え方を徹底していくと、ものを持たない。ものだけではなく、こだわりを全部捨てていくというところに行きつきます。捨てて捨てて、すべてを捨てていった先にある、あきらめにも似た「平安の境地」こそ、仏教の目指す解脱《げだつ》に必要なものです。

仏教を開いたお釈迦《しやか》さまは、この世の苦しみから離れるために、王子の立場を捨て、王宮を出て、修行を重ね悟《さと》りを開きました。そしてその教えを、身分に関係なく、出会うすべての人たちに説《と》いて回ったのです。

お釈迦さまが亡くなったのは、実は、腐ったものを食べたのが原因でした。ある日、チュンダという貧しい鍛冶《かじ》屋の青年が、「ぜひ、お食事を差し上げたい」と、お釈迦さまを自分の家に招待しました。

インドには「カースト」という厳しい身分制度があるので、もと王子のお釈迦さまと貧しい鍛冶屋の青年が一緒に食事をするなど、本来なら考えられないことでした。それでもお釈迦さまは、せっかくご馳走《ちそう》してくれるというのだから、と彼の家に行きます。

すると案の定、そこにはヤバそうな食べものが並んでいました。弟子たちは、「危ないから食べないでください」と言ったのですが、お釈迦さまはここでも「せっかくの気持ちだから」と言って食べました。その結果、下血を伴うようなひどい下痢を起こし、亡くなってしまうのです。

つまり、お釈迦さまは命をかけて、庶民派を貫きとおしたのです。

そんな、国家とか体制といったものの対極にあった仏教が、なぜ国家と結びついてしまったのでしょう。

まず、紀元前三世紀にインドを治めたマウリヤ朝のアショーカ王が仏教を国の宗教として取りいれた辺《あた》りから、仏教というものの本来の性質は、ちょっと変わっていきました。

その釈迦本来の教えとは、ちょっと違ってしまった仏教が、中国、朝鮮半島を経る過程で少しずつ変化し、そして日本ではどちらかというと、個人の心の平安を得るためのものではなく、国の安泰を得るためのものとして受けとってしまったのです。

このことは、奈良の大仏さまを見れば、すぐにわかります。なぜ、あれほど大きいものを造る必要があったのでしょう。

それは、護らなければならないものが大きかったからです。その大きなものこそが「国家」だったのです。

しかし、そもそも仏教では、国を護ってあげるなんて一言も言っていないのですから、権力の中枢《ちゅうすう》である国家機関が、勝手に巨大な仏の像を造り、「国全体を護ってください」ってお願いするなんて、実はずうずうしい話なのです。

神と仏の「ゆるい」関係

　私は子どもの頃、神社での挨拶と、お寺での挨拶がよくわからなくなりました。「あれっ、手を合わせるんだっけ？　パンパンと叩くんだっけ？」と考えてしまったり、柏手《かしわで》を打つことがわかっても、「何回やればいいんだっけ？」と不安になりました。

　でも、これは私だけではないと思います。だいたい、日本における神社と寺院の区別の少なさ、違いの薄さが、両者の区別をしにくくさせているのです。

　考えてみると、仏教はインド発祥、神道は日本古来のもの、インドと日本は似ても似つかない風土なのですから、もっと違いがあってもいいはずです。

　日本には四季がありますが、インドは一年中灼熱《しゃくねつ》です。あそこの人たちは悠久の時間概念の中でゆったりとしていますが、私たち日本人はせかせかしていて、時間にもすごくきっちりしています。

　日本人とインド人のメンタリティは、まったく違うはずなのです。国連で日本人をしゃべらせるのとインド人を黙らせるのが、いちばん難しいという話があるぐらいです。

そんな、きっちりせかせかしている日本人らしさとは、まったく違うところで生まれた宗教が、中国である程度濾過《ろか》されたとはいえ、日本に入ってきたときにものすごくフィットしてしまったのは不思議です。

なぜこんなに早く、仏教は日本になじんだのでしょう。

外来宗教が入ってくると、普通は土着の宗教との戦いが起こります。そして、宗教というのは、アイデンティティの源ですから、こうした戦いは激しいものになるのが普通です。

カエサルが周辺諸国を制圧し、古代ローマ帝国の版図《はんと》を広げることができたのは、彼が土着の宗教を尊重しろと言ったからだと言われています。

ところが、六世紀中頃に仏教が伝来した日本では、何も反乱が起きていないのです。神道を奉じる物部《もののべ》氏と仏教導入を進言した蘇我氏の間で争いが起きたとよく言われますが、あの争いの根源は、実は宗教ではなく両者の権力争いです。仏教の問題は口実に過ぎなかったのです。

では、なぜ争いにならなかったのでしょう。

そこには、日本における神という存在が、すでにゆるかったという事情があります。

まず日本は、神の数が多すぎるのです。なんたって、「八百万《やおよろず》」ですから、すべてのものにみな神ありなのです。

「ご利益《りやく》」に弱い日本人

もう一つの原因は、日本人は、ご利益《りやく》をくれるものに弱い、ということです。

私たちはいま、神さま、仏さまにいろいろなお願いごとをしますが、もともとの仏教は、ご利益を与えるような宗教ではありませんでした。

仏教の教えは、すべてをあきらめていくというものです。あらゆるものを捨てて生まれた、あきらめにも似た境地と優しい心、それが悟りです。だから、修行をすれば、いま現在の自分で悟ることができる。生きているうちに成仏《じょうぶつ》ができるというのが本来のお釈迦さまの仏教です。

誰でも修行をすれば悟れるのですから、お釈迦さまの他にも成仏した人がいるはずだということになります。

こうして、仏教にはお釈迦さま以外に、たくさんの仏陀《ブッダ》（サンスクリット語 buddha の音写）が生まれました。仏陀というのはお釈迦さま個人を指す名前ではなく、覚者《かくしゃ》、すなわち悟れる者という意味ですから、たくさんいてもいいのです。こうした多くの仏の存在が、仏教世界の多様性のもととなっています。

そして、大勢いるんだから、お釈迦さまはああ言っていたけれど、中には違う仏もいるだろう。日本の神さまは、お祈りするとご利益をくれるのだから、それと同じように、ご利益をくれる仏さまもいるだろう、と思ってしまったのです。

その最たるものが、鎮護国家という考えです。国全体で、ご利益を願ってはいけない相手にご利益を与える役目を押し付けたのです。

可哀想なのは、あれほど大きくつくられてしまった大仏さまです。大仏さまは日本人にとても人気がありますが、私は、あのお姿を見ると切ない気持ちがします。

「約束していないのに、何の因果か、国家を護ることになってしまった。こんなに大きく造られてしまってどうしよう」

大仏さまがそう思っているように見えるのです。

そもそも釈尊ゴータマは、偶像的なものは作りませんでした。

ところが、人間というのは切ないもので、指導者が亡くなると、その人の骨とか姿、ゆかりのものなど、その人の教えとは関係のないものにこだわってしまうのです。そして、そうしたものを「かたち」にしたものが、仏足石《ぶっそくせき》（仏の足跡が刻まれた石）や仏像です。仏像が造られることによって、偶像崇拝になっていったのです。

そういう意味では、日本の仏教は、本質とはちょっとずれたところで拡大解釈され、全国に広まってしまったと言えます。

でも、そのおかげで仏教が日本に広まったのですから、それも一概に悪いとは言えません。ただ、この鎮護国家的な発想が、日本人のゆるい宗教観から生まれたものであることは知っておいていただきたいと思います。

契約嫌い、お手軽好きの日本人にぴったりの宗教

日本人にとって、念仏ほど浸透した教えはありません。

私も小さいころ、寝つけないときは座って静かに手を合わせ、「南無阿弥陀仏《なむあみだぶつ》」と唱えなさいと母親に言われました。これは私の中に根深くあり、いまだに注射を打たれるときなど、心が波打つときには、手を合わせてそっと念仏を唱えることがあります。そして、

これをやると、不思議と心が落ちつくのです。

しかし、念仏を唱えるからといって、そこに明確な信仰心があるわけではありません。「南無阿弥陀仏」とは言っているのですが、それは私にとっては信仰ではないもの、うまく表現するのは難しいのですが、もっと単純に日本人にとっての心のふるさと的なものなのです。

実は、先日しばらく振りに実家に帰ったら、「南無阿弥陀仏」と私に教えてくれたはずの母が「南無妙法蓮華経《なむみょうほうれんげきょう》」と唱えていたのです。これにはさすがの私もびっくりしました。「何だよそれ、勝手に変えるなよ」と、思ったのですが、よくよく考えてみると、そもそもうちは曹洞《そうとう》宗でした。本当は「南無阿弥陀仏」でも「南無妙法蓮華経」でもなかったのです。笑ってしまうぐらい、何もかもがめちゃくちゃです。

でも、これは私の家に限ったことではなく、日本の多くの家庭にこうした「ゆるさ」があるのだと思います。

さらに言えば、日本人は契約とか戒律《かいりつ》が苦手です。

小学生の頃『十戒《じっかい》』という聖書を題材にした映画を見たとき、「なんだか厳しい神さまだなぁ」と、つくづく思いました。

あんな怖い神は苦手です。厳しい戒律を課し、それを破ると天罰を下す。そんな厳しい唯一絶対神みたいなものは日本人は苦手なのです。

仏教も本当はしっかりした戒律があったのですが、日本に入ってからは、少しずつ厳格さがそぎ落とされていっています。

日本でも一時、戒律が重要視されたことがありました。奈良時代に大変な思いをさせて大陸から鑑真《がんじん》を呼んでいますが、あれは戒律を授ける体制を日本に整えるためでした。

そして、奈良の東大寺と、太宰府の観世音寺《かんぜおんじ》、下野国《しもつけのくに》（現在の栃木県）の薬師寺にそれぞれ戒壇《かいだん》（戒律を授けるための場所）を築き、「天下の三戒壇」とまで称すのですが、その後はいつのまにか誰も注目しなくなってしまいます。

それは、戒律を抜いてしまっても成立する、ある意味お手軽な宗教としての仏教を、日本人は好んだということでしょう。

仏教の天才たちはどのようにして布教したか

日本の仏教のおもしろさの一つに、天才の登場があります。

最初の天才は、やはり聖徳太子でしょう。聖徳太子が登場する背景には、あの時期に仏教を利用して、全国支配を確立させようという思惑がありました。それの象徴的な存在として、仏教に非常に造詣《ぞうけい》の深い聖徳太子が担《かつ》ぎあげられたのです。

聖徳太子の次に現われた天才は、平安初期の空海《くうかい》と最澄《さいちょう》です。

二人は同じ時代のライバル同士であり、両者ともすごい天才です。ただ、二人を比べてしまうと、最澄にはかわいそうですが、どうしても空海の方に惹かれます。

これはまだ空海が唐に渡る前の話ですが、空海はあるとき一人の修行僧に出会い、ある修行法を授かります。それは「虚空蔵求聞持法《こくうぞうぐもんじほう》」といい、虚空蔵菩薩の真言《しんごん》「ノウボウアカシャ　ギャラバヤ　オンアリ　キャマリ　ボ(ウ)リソワカ」を一〇〇日間で一〇〇万遍唱えるというとてつもない荒行でした。

この行をすることによって、空海は天才と呼ばれるだけの知恵を得たと言われています。この、同じ真言を何万回も唱えるという行法は、脳の活性法の一つなのだと思います。実際には私も、私の知り合いにもやった人がいないのでよくわかりませんが、空海の天才ぶりを見ていると、もしかすると本当に効果のある方法かもしれないと思います。

そんな空海の天才ぶりは、中国へ渡っても遺憾なく発揮されます。

[日本仏教の成立と各宗派の流れ]

時代	出来事・宗派の誕生	
飛鳥	仏教伝来（538年） 聖徳太子	国家仏教の成立
奈良	大仏建立の詔《みことのり》（743年）	↓
平安	最澄（天台宗） 空海（真言宗）	密教の受容
鎌倉	法然（浄土宗） 親鸞（浄土真宗） → 念仏（南無阿弥陀仏《なむあみだぶつ》） 日蓮《にちれん》（日蓮宗） → 題目《だいもく》（南無妙法蓮華経《なむみょうほうれんげきょう》）	武士・一般庶民への広まり
	栄西《えいさい》（臨済宗） 道元《どうげん》（曹洞宗）	禅の受容
室町	蓮如《れんにょ》（本願寺派）により、 浄土真（一向《いっこう》）宗が 北陸・東海・近畿に広まる	仏教勢力の強大化 大名との対立
戦国	各地で一向一揆 守護大名・戦国大名との対立	織田信長による制圧
江戸	諸宗寺院法度《はっと》の制定 幕府による仏教の管理	幕藩体制へ組み込まれる
明治	神仏分離令（1868年） 廃仏毀釈の激化	国家神道政策による仏教弾圧

真言密教の大阿闍梨・恵果に認められ、空海は密教のすべてを授かり、日本に帰ってきて真言宗を開きます。

空海の教えは、人間の個人の潜在能力も全部開発するような、一種の神秘主義的なものも含んだ仏教でした。

神秘主義というと、あやしげな印象を受けますが、必ずしもそういう意味ではありません。ここで言う神秘主義は、個人一人ひとりが、修行の実体験によって、神なるものを体験することを重要視するという意味です。

これは、いろいろな「行」を行ない、「あっ、これが宗教的な体験なんだ」と実感するようなやり方ですから、唱《とな》えれば極楽浄土に行けるという念仏よりは、正統な仏教に近いと言えます。

空海は人間の持っている潜在力を引き出し、知性を最高度に発揮するということをしていたと考えられます。

続く鎌倉時代には、最澄、空海といった大天才が中国から持ってきたものをアレンジして、オリジナルな仏教を生み出す天才たちが出てきます。

まず登場するのが、極悪人だって念仏さえ唱えれば阿弥陀さまが救ってくれるとした、法然《ほうねん》と親鸞《しんらん》の師弟コンビ。こうした日本人のゆるさを存分にわかっている人たちの教えは、浄土宗、浄土真宗として、全国に広がっていきます。

日本人には、簡単でいい夢を見られるものを好む傾向があるので、念仏はまさにぴったりでした。

たいていの日本人は、本当にハードな修行には耐えられません。それにインド人のように、しょっちゅう座って瞑想《めいそう》している暇もありません。だから、「これだけ唱えればいいですよ」というぐらいが丁度よいのです。「そのぐらいならできるかも」という感じで受けいれられるからです。

こうした傾向は、いまの日本人にも色濃く残っています。たとえば、ダイエット製品も、「一日これだけでいいです」みたいに言われると、やってみようかなと思う。本でもそうです。「一瞬でわかる」とか、「これ一冊で」とか。私もタイトルをつけるときに、「一瞬で」とか「たちまち」とか「あっという間に」などと付けたくなります。

日本人はせっかちで面倒くさがりなのです。だから、簡単にできて、すぐに効果の現われるものを欲しがる。そのへんもやはり日本人のゆるさだと私は思います。

すごい！ 2

世界に広まる日本の「禅（ZEN）」

マイケル・ジョーダンは禅マスター？

いまでは、禅といえば日本というぐらい、禅は日本のものだという意識が世界中に広まっています。

しかし、禅はもともとはインドの瞑想法です。それが中国へ伝わり、中国で現在の禅に近いかたちになり、それを輸入したのが日本なのです。

それなのに、いまでは禅といえば日本のもの、みたいな感じになっています。

そのため、禅を学びたいという人は、みんな日本を目指すのですが、私たち日本人は、本当に禅を知っているのでしょうか。

禅というのはどのようなものなのか、おもしろい話があるのでご紹介しましょう。

アメリカの天才プロバスケットボール選手マイケル・ジョーダンが所属していたころのシカゴ・ブルズの監督フィル・ジャクソンは、禅の概念と方法をチームに導入しました。

彼は、禅について、いつも話していたといいます。

ジョーダンは「フィルは禅を理解していてすごい。僕の話なんかよりフィルの話を聞いた方がいいよ」と言っていました。しかし、一方のフィル・ジャクソンは、「ジョーダンこそ禅マスターだ」と、言うのです。

これは、フィルが、マイケル・ジョーダンがプレイする姿に、禅の達人の境地を見いだしていたということです。

どういうことかというと、たとえば残り一〇秒で、一点差で負けているとき。当然、周りはパニックになります。そんな状況で、最後にボールを渡された人はすごいプレッシャーを感じます。自分がこのシュートを入れれば勝ち、はずしたら負けという場面です。

そんなとき、シカゴ・ブルズで最後のボールが廻ってくるのは、九五％以上の確率でマイケル・ジョーダンでした。

でも、そんな状況でもジョーダンは、非常に高い確率で、ブザー・ビーター（試合終了のブザーが鳴ると同時にゴールに入るシュート）のようなシュートを決めているのです。

彼の二度目の引退試合、最後のシュートも、実はシカゴ・ブルズの二度目の三連覇を残り五秒で決めたという奇跡のような逆転シュートでした。

フィル・ジャクソンは、「彼は周りがパニックになっている中で一人だけ平静な気持ちを保てる。周りが嵐でもマイケル・ジョーダンの中だけは静かなのだ。それが禅の境地だ」ということを言っています。

日本文化の根底に流れる禅の精神

小津安二郎《おづやすじろう》監督の映画が、世界で評価が高いのは、そこに禅のイメージがあるからではないでしょうか。

あの静かなやりとり、沈黙を交換しているようなやりとり。世界の人びとが、日本というのは、こういう禅マインドを持った国なのだと思って見てくれていたのだと思います。

いまの日本に、あのころと同じような禅マインドがあるかは、ちょっと微妙ですが、いまでも確かに日本人の中には、禅マインドは残っています。

私たちは、いまでも百八つの除夜の鐘を聞くのを当たり前にしていますし、数珠《じゅず》をいつも身につけている人もたくさんいます。日本人の生活のいろんなところに、仏教がしずかに浸透していることはまぎれもない事実です。

当たり前ですが、禅というのは、仏教の一派です。仏教には、簡単にいうと、理論的なものを中心とする仏教と、お釈迦さまが悟りを開いたように理論よりも修行を中心とした仏教があります。この修行を重視したものが「禅」です。

日本においては、禅は仏教の一部として認識されているのに、世界から見ると、禅＝日本となっているのは、とてもおもしろいと思います。

禅に関する英語の著作を通して「禅＝日本」という印象を世界に広めた鈴木大拙《すずきだいせつ》は、日本文化を語る際に、『禅と日本文化』という本を書いていますが、日本文化というのは、私たちが思っている以上に、禅に浸されているようです。

私たちが、日本の文化・芸術のなかで禅マインドを感じるのは、水墨画のように中国から入ってきたものです。

ところが、「能」のように、日本固有の文化だと思っているものの中にも、実は禅マインドは深く浸透しているのです。

私は能をちょっと習っていたことがあるのですが、能には「はこび」といって、すり足で行く歩き方があります。このすり足で進んでいくときに、瞑想状態に入りやすい感覚がありました。

禅には、立禅《りつぜん》という立ったまま行なう禅があります、能のはこびは、まるで「歩く禅」のようになっているのです。ですから能も、瞑想法という視点から見ると、全体に禅マインドが見てとれ、とてもおもしろいのです。

武士の文化も、精神的な禅の境地とつながっています。宮本武蔵《みやもとむさし》が『五輪書《ごりんのしょ》』で、最終的にたどりついたのも禅の境地です。

こう考えていくと、いかにも日本的であると私たちが思っているものの中にも、かなりの割合で禅的なもの、もっと大きくいえば仏教的なものが入りこんでいることがわかります。

他にも、石を愛《め》でるという文化的感覚が日本にはありますが、あれも禅です。普通は石なんか見ていても、何もおもしろいはずがありません。それなのに、石を見ているだけでおもしろいというのは、自然の中に宇宙を見るという禅のマインドがあるからなのです。日本建築の書院造りや、作庭の枯山水《かれさんすい》なども禅の精神に支えられています。

見直すべき「禅」学習法

日本では、子どもたちの塾でも、呼吸法をやったり、「正座」など座り方の姿勢から教えるところがありますが、これも元をたどれば禅です。

もともと、日本では学習法自体に禅を取りいれていました。禅学習法です。

寺子屋の時代から、日本人は、姿勢を正し、静かな心で学習することを教えられてきました。私の世代では、姿勢が悪いと言って、背中に長い物差しを入れられたことのある人も多いでしょう。日本人にとって、姿勢と学習は切り離せないものでした。

習字にも、禅の要素がつまっています。

子どもの頃、お習字教室に通わされましたが、あれはただ単に字の書き方を覚えるためのものではなかったのです。すべては禅マインドの修養、心と体を禅マインドに基づいて鍛えるためのものだったのです。

書道は、集中を要する禅の修行そのものです。

習字は、まず墨《すみ》をするところから始まります。最近は墨汁を使いますが、墨汁ではダメです。姿勢を正し、静かに墨をする。これこそが禅につながっていたのです。

私は、親が「習字は墨をすることによって心が落ちついていくのだから」と言って、墨汁を買ってもらえなかったので、仕方なく墨をすっていましたが、いま考えると、あれがよかったのだと感謝しています。

小学校一年のとき、ある友達のところに遊びに行くと、そこのうちには書を教えているおじいさんがいて、なぜか習字をしましょうということになりました。

そのとき、「じゃあ、まず墨をすりましょう」と言ってから、なんと三〇分以上も墨をすらされたのです。子どもでしたから、最初は落ちつかず、「まだ？　まだ？」と思っていたのですが、そのうちにするのがおもしろくなっていき、黙々と墨をすり続けたのを覚えています。

一つのことを黙々と続けると、それだけで精神が落ちついてきます。

ですから、姿勢を正し、落ちついて墨をするといったことを、「禅学習法」と銘打って日常の勉強に取りいれていくというのはどうでしょう。いま問題となっている「キレる子ども」も少なくなっていくのではないかと私は思うのですが。

仏教が育てる穏やかな国民性

日本人にとって仏教はとても身近な宗教ですが、世界的に見ると、仏教が定着した国というのは決して多くありません。発祥国のインドではすぐに廃《すた》れているし、中国も韓国もないわけではないけれど、メジャーではありません。

仏教が定着したと言えるのは、チベットと日本、タイなどですが、仏教の浸透している国というのは、みんな穏《おだ》やかな印象を受けます。

タイはすごく穏やかな国で、国民性も日本とすごく似ています。タイやチベットへ行った人の多くが、仏教国でよかったという感想を持つと言います。

キレたら負けなのが仏教です。キレているお釈迦さまは想像できませんが、イスラムのアッラーやユダヤのエホバなどは、激しいイメージがあります。

イエスにも一種の攻撃的な厳しさがあります。でもお釈迦さまに厳しさはない。私は仏陀の言葉をいろいろ読みましたが、あの人は絶対に「キレてない」です。

穏やかな国民性を誇る仏教国がこれほど少ないというのは、世界的に見ると、ちょっと問題だと私は思います。

考えてみれば、侵略戦争をしたときの日本というのは、国家神道に統一されていたので、仏教国ではなかったのです。

仏教を捨て、日本は神の国、日本には神風が吹く、と言いはじめたあたりから、日本人は思いあがり、道を踏みはずしてしまったのです。

ですから、日本が侵略国になってしまった発端《ほったん》は、明治の廃仏毀釈《はいぶつきしやく》にあったと言っても過言ではありません。そう考えると、廃仏毀釈は日本にとっては痛すぎる出来事でした。

それまでの日本には、神仏習合《しんぶつしゆうごう》、つまり神と仏は一体のものとする「ゆるい」考え方がありました。それを無理矢理引き離して、神仏分離、廃仏毀釈といって仏さまを廃してしまったのです。

だいたい、神の国、神国日本と思いあがっていましたが、冷静に考えてみれば、そんなことあるわけがないのです。なぜ日本だけが神の国なのか。「神風が吹いて元寇《げんこう》（鎌倉時代に起きた元軍の来襲）から守られた」とか言っていましたが、あれだって台風だとか、相手の船が弱かったとか、何かしら理由があったのです。

しかし、「神」には、そういう冷静さを失わせて、人を高揚させ、無茶をさせてしまう力がありました。つまり、神が人間のリビドーを刺激したのです。

でも、リビドーを刺激する神は、日本の神だけではありません。世界を見てください。争っているのはほとんど宗教がらみです。イスラム教がカッカして、それに対するキリスト教国が負けず劣らずカッカする。彼らが決して譲ろうとしないのは、互いの神がそれぞれのリビドーを刺激しつづけているからです。

これでは地球上から紛争がなくなるわけがありません。

一方、仏教はとことん譲ってしまおうというのが精神の柱です。

そういう意味でも、私は、仏教が持つこの穏やかさが、もうちょっと世界に共有されてもいいのではないかと思っています。

禅マインドを国家のアイデンティティに

日本人は「禅マインド」の貴重さをもっと認識すべきだと思います。

私が提案したいのは、これからは何でも「禅」と付けて売りだすことです。

たとえば車でも、環境に優しい「エコカー」ではなく、自然と融合する車というコンセプトで「禅カー」と名付けます。自然に優しくするのではなく、自然との一体化を目指すのです。

ドライブを楽しみながら、自然と一体化する、宇宙と一体化する。排気ガスを出さないというのも、人に迷惑をかけないというのも、根底にある精神は禅です。

いま世界で注目されている、日本の「もったいない」という精神も禅のマインドです。

ですから、これからの日本は、漠然と「美しい国」なんて言っていないで、すべてのコンセプトに禅マインドを取りいれればいいのです。**禅を国家のアイデンティティにしてしまうのです。**

以前、禅が世界から注目されたとき、日本的なものがすべて禅とイコールだというのはちょっと型にはまりすぎだという意見が出たことがあるのですが、いまとなっては「禅」自体が絶滅の危機にあるのですから、そんな贅沢《ぜいたく》なことを言っている場合ではありません。まず、日本の中で禅を絶滅の危機から救うことが先決です。

日本古来の所作《しょさ》の中には、瞑想的なものが自然と溶けこんでいます。

さきほど言った能の「はこび」や書道の「墨をする」もそうですが、日常のいろいろな場面でも、気をつければ、そうしたものを見いだすことができます。

それを一つずつ丹念に拾い出して「これは禅なんだ」と認識していくと、日本人の心に禅マインドが蘇《よみがえ》ってくると思います。

たとえば、私たちが日常何気なく飲んでいるコーヒーにも、禅のマインドは見いだすことができます。

まず、コーヒーがくるまで姿勢を正して静かに待ってください。

コーヒーがきても、すぐに飲んではいけません。飲む前に、吐く息を長くする丹田呼吸をしながら三〇秒ほど見つめます。

そして、一口、二口、ブラックでコーヒー本来の風味を味わった後、ミルクをそっと流し入れる。ミルクを入れても、すぐにスプーンでかき混ぜてはいけません。真っ白なミルクが、渦を描きながら少しずつ漆黒《しっこく》のコーヒーに溶けていく。このコスモス（秩序）からカオス（混沌）への移り変わりを見ながら、宇宙との一体感をそこに感じていきます。

いかがでしょう。これでただのコーヒータイムが、「禅コーヒー」に早変わりです。

いま、禅は世界から注目されています。そのため、世界中の人たちが、禅を学ぼうと日本に注目しています。ですから私たち日本人も、世界から期待されていることを自覚し、それに応《こた》えるだけのものを身につけるべきです。

別に、仏教、瞑想と難しく構える必要はありません。日常生活の中に、楽しみながらできる瞑想法を考案し、楽しんでいただきたいと思います。

すごい！ 3

いま取り戻すべき日本人の「腰腹《こしはら》文化」

仏教はリビドーを刺激しない稀有《けう》な宗教

宗教には、人々の無意識下にあるリビドー的なパワーを吸い上げる力があります。リビドーというのはフロイトの説いた概念で、一般的には「性的衝動を発動させる力」とされますが、単なる性欲に限らず、性的な活力みたいなものを中心にした、無意識の中に渦巻いているエネルギーの総体とでもいうべきものです。

しかし仏教は、リビドーを刺激しない、世界的にも珍しい宗教なのです。

仏教には「結跏趺坐《けっかふざ》」という座り方があります。これは、座ったときに足を組み、右足を左ももの上にのせ、左足を右ももの上にのせるというものです。坐禅の時などによく用いられますが、これは実は、リビドーを刺激しない座り方なのです。ヒンズー教は、逆にリビドーを活用することを考えるので、リビドーを刺激する座り方をします。

具体的に言うと、ヒンズー教では、片方のかかとを会陰《えいん》に当てて座るのです。会陰というのは、性器と肛門の間のことですから、性的にはかなり敏感なところです。やってみるとわかりますが、あそこにかかとを当てるとむずむずしてきます。そのむずむずしてくるパワーを活用していくというのがヒンズー教の座り方なのです。

仏教の結跏趺坐は、会陰に足が当たりません。むしろこの座り方では、下半身が大地と接触する部分が大きく、大地と一体化していくような感覚を持ちます。そのため、大地の上にそのまま上半身がすっと立ち、静かに呼吸することができます。

静かな呼吸というのは、呼気と吸気、それぞれに意識を向け、短く吸ってゆっくりと時間をかけて長く吐くというものです。これは「アナパーナサチ」といって、お釈迦さまの呼吸法です。

このとき呼吸の数を数えると、数息観《すそく》というものになりますが、息を数えると、不思議と欲望が湧きあがりにくくなります。

仏教では、リビドーを刺激する食べ物も避けます。たとえば、肉もその一つです。焼肉を二人で食べる男女は、できている可能性が高いという説もあるぐらいで、肉を食べると人は興奮しやすくなるのです。バーベキューとか焼肉で、多くの人が盛り上がるのは、お肉がリビドーを刺激しているのです。お寺とかで禅の修行をすると、肉っ気のないしぶい食事が出ますが、それもリビドーを刺激しないための工夫なのです。

このように、仏教には欲望を刺激しないようにするための身体技法や生活の工夫がいろいろとあるのです。仏教に他の宗教にはない穏やかさがあるのは、そのためです。

坐禅を組むと、身体と心がスーッと静かになっていく。お寺の鐘の音を聞いたり、お鈴《りん》の音がチーンと鳴るのを聞いていると静かな気持ちになっていく。

交感神経と副交感神経でいうと、リラックス神経と言われる副交感神経が優位な状態になる感じです。

あの落ちついた状態が、仏教ではいい状態なのです。セロトニン神経系が働いている状態です。どちらかというと、世界的には快楽物質であるドーパミン系の宗教が多いようなのですが、仏教は穏やかなセロトニン神経系の宗教なのです。

日本人が無常観を好む理由

私は、拙著『声に出して読みたい日本語』（草思社）でいろいろな古典、名文を取りあげていますが、日本人が好む文章というのは、なぜか無常観を述べたものがとても多いのです。

たとえば、『平家物語』の「祇園精舎《ぎおんしょうじゃ》の鐘の声、諸行無常の響あり」とか『方丈記』の「ゆく河の流れは絶えずして、しかももとの水にあらず」などです。

人間というのは、誰しも豊かなものを見れば、羨《うらや》ましく思うものです。でも、同じものはこの世には二つとないのだから、いま自分の手の中にあるものを大切にした方がいい。それに、どんなに華やかなものも、どうせいずれは落ちていく。平家も滅びたじゃないか、と説くのです。

この、どんなに華やかなものも、どうせいずれは落ちていく、という考え方は、裏を返せば、「いま私たちは華やかな人生を送っていないけれども、そんなに羨ましく思わなくてもいいんじゃないか」という意味にもつながります。

こうした考え方は、人の心に生まれるやり場のない哀しみや嫉妬心や不満感を、浄化する作用があったのだと思います。無常観を説いた文学作品が、日本人のやりきれなさを吸収していたということです。

日本にそうした文学作品が生まれたのも、日本人の心に仏教が深く根ざしていたからです。なぜなら、無常観は、もともと仏教の教えだからです。

仏教が説く無常観というのは、読んで字のごとく「常なるものは何もない」、つまり、この世には変化しないものは何もない、ということです。

この感覚には、実は幸福も不幸もありません。そこにあるのは、ただあるがままを静かに受けいれる静寂な心だけです。「幸も不幸もない」そう言い切ってしまうのが、仏教なのです。そして、だからこそ、人の心の中に渦巻くやりきれない思いを、仏教は吸収することができたのです。

日本人の心が波打ったとき、それを静めるための技法の多くが、仏教を下地としている理由もここにあります。

日本人のメンタル・コントロール力を高めた「腰腹文化」

道教《どうきょう》に、不老不死の仙人になるための修行というのがあります。

それは、自分の体内の一部に気を集め、それを練って「丹《たん》」という薬のようなものを作るというものです。そして、この丹薬を作る場所、自分の気を集める場所を「臍下丹田《せいかたんでん》」と言います。

臍下丹田というのは、文字どおり臍《へそ》の下、下腹の辺りのことを指します。

私は、日本の文化は「腰腹《こしはら》文化」だと言っていますが、この臍下丹田という発想と、仏教のリビドーを刺激しない修行法とがうまくミックスしたのが、まさに日本人の「腹(肚)」という感覚だと思っています。

日本語では「怒りを腹に収める」という言い方をしますが、昔の日本人は、その言葉どおり、腹に気を鎮《しず》めることによって、怒りや不満といった、さまざまなざわつく心を静めることができたのです。

しかもそれは、お坊さんや武士などに限ったことではなく、庶民であっても、日本人のたしなみとして日常化していました。事実、幕末から明治時代の頃、日本にきた西洋人は、みな、日本人が礼儀正しく、しかもキレにくいことに驚いています。

もちろん、ケンカや諍《いさか》いもなかったわけではないのですが、どうしようもないようなことに対しては、日本人は驚くほどのあきらめのよさを見せます。

たとえば、近所で火事があり、自分の家まで燃えてしまったというようなときでも、それほど長く絶望感に浸りません。まあ、のん気だということもあったのでしょうが、キレたり暴れたりすることがほとんどないのです。

普通なら、あいつが火事を出したせいでと恨みそうなものですが、「燃えてしまったものは仕方がない」と、自分の気持ちをすぐに切りかえて明るく生きていく。つまり、自分自身の気持ちをコントロールする技術を普通の人たちも身につけていたのです。

かつて、こうした穏やかさ、メンタル・コントロール能力の高さは、日本人に共通する特性でしたが、多くの人がそうした能力を身につけていたのは、社会的に人格的に優れた人が尊重されたからでした。

優れた人格で人気を博した人というと、私が思い出すのは、昭和の角界を代表する横綱、大鵬《たいほう》です。

たとえば、相手が時間前に立ってぶつかってきても、あわてず受けて立つ。決して動揺しないのです。キレるというのは、心が動揺していることを示すことでもあるので、人格者にとっては恥ずべきことだったのです。

大鵬は、あるときインタビューに答えて、「普段から後ろに回られてもあわてないで、絶対に勝てるように練習していた」と語っています。そうした弛《たゆ》まぬ鍛錬が、強い精神性と、優れた人格を彼にもたらしていたのだと思います。

しかし、最近の日本人は、明らかにキレやすくなっています。いまの日本人は、もはや他の国民と比べてメンタル・コントロール能力の高さで優れているとは言えないのではないでしょうか。

私は、日本古来の「腰腹文化」の再興を目指していますが、実はこれも、メンタル・コントロール能力の育成と深く関わっているのです。

たとえば、腰と腹を中心にして、鼻から三秒間吸って二秒止めて、細く長く一〇秒から一五秒かけて吐くという呼吸法も、一種のメンタル・コンディショニングです。

この呼吸を何度か繰り返すと、ざわついた気持ちがスーッと収まって、リラックスしていながら活性化した状態になることができます。この状態は、いろいろなものごとを学ぶのに適しているので、私は学校や塾で取りいれています。

こうした呼吸法も、かつての日本人にとっては当たり前のものでした。

世界が認めていた日本人のよさは、精神性にありました。そして、そうした優れた精神性は、メンタル・コントロール能力を高める「仏教」と「腰腹文化」に支えられていたのです。

日本人が、このまま、かつての優れた精神性を失っていけば、世界からの評価も低くならざるをえません。いま必要なのは、いまの日本人の社会、いまの日本人の生活に即したかたちで、仏教を基礎とする穏やかな精神性を生み出す技法を考え、日常生活の中に織りこんでいくことだと思います。

私たち日本人は、いまこそ仏教伝来に戻って、学び直す時期にきているのではないでしょうか。

第5章

「三《さん》世《ぜ》一《いっ》身《しん》の法」とバブル崩壊

――日本の土地所有制度はどこから始まったか

すごい！1

土地から日本の歴史が見える

なぜか覚えている「三世一身の法」

歴史の勉強の中には、妙に記憶に残っている言葉というものがあります。

たとえば「いい国つくろう鎌倉幕府」、これは一一九二年が鎌倉幕府成立だと覚えるための語呂合わせです（現在は実質的には一一八五年成立とする説が有力です）。鎌倉幕府は、日本史上とても重要なポイントですし、これ自体は記憶に残りやすい語呂合わせなので覚えていても不思議ではないのですが、中には、なぜ覚えてしまったのか、自分でもよくわからないけれど忘れられない、妙に印象深いワードというのがいくつかあります。

その典型が「三世一身《さんぜいっしん》の法」です。私の周りの人たちにも聞いてみたのですが、「三世一身の法」と言うだけで、「ああ、あの」「あった、あった」とみんな言うのです。何か妙に覚えているとみんな言います。

もうちょっと詳しい人になると、「墾田永年私財法《こんでんえいねん》もありましたよね」と必ず言います。どうも三世一身の法とセットで覚えているらしいのです。でも、その人が日本史全般が得意なのかというと、別にそういうわけではなく、詳しい意味などは覚えていないのです。それでも言葉だけは強烈なインパクトとともに覚えてしまっているのです。

「三世一身の法と墾田永年私財法」とセットで覚えている人は、たいてい年号も覚えています。三世一身の法が七二三（養老《ようろう》七）年、墾田永年私財法はその二〇年後の七四三（天《てん》平《ぴょう》十五）年。このちょうど二〇年というきりのよさが記憶しやすさのポイントです。

日本史にはこうした「〇〇の法」というのがたくさん出てくるのに、なぜみんな三世一身の法だけこれほど覚えてしまっているのでしょう。

その疑問に答えつつ、どうせ覚えているなら、その意味も考えてみようというのが本章の目的です。

土地への欲望に火がついた瞬間

さて、三世一身の法の歴史的意義は何だったのかを一言でいうと、「画期的な分岐点」であったということです。

では、なにがどう画期的だったのでしょう。

三世一身の法というのは、養老七年、先ほども言った七二三年に出された、「開墾者から三代までの墾田私有を認めた法律」です。

墾田の私有を認めたということは、それまでは私有が認められていなかったということです。つまり、国が全部の土地を所有し、それを人々に分け与えるという「公地公民制」を一部放棄したというか、その制度にアリの一穴をあけた法律だったのです。

この小さな穴から、律令《りつりよう》制を中心とする古代世界は崩れ去っていきます。つまり、国の土地制度を大きく変える発端となったという意味で、この法律の制定は大事件だったのです。

もちろん、当時の人は、まさかこの法律が、古代世界を終わらせ、その後の日本の運命を大きく変えていくことになるとは思ってもいませんでした。彼らは、ただ一生懸命に、「おお、土地が自分のものになるぞ」と言って動いていただけなのです。

では、この土地の私有を認めるという法律が、なぜそれほどまで世界を変えてしまう大事件になったのでしょう。それは、この法律が、それまで眠っていた「自分の土地を持ちたい」という人間の根源的な欲望を目覚めさせてしまったからです。

人間にとって、自分の土地を持ちたいという欲望は、とても大きなものです。

ロシアのトルストイの小説に『人にはどれほどの土地がいるか』という作品がありま す。

ある男がある村に行ったとき、「一日で回りきれた分だけの土地をあげよう」と言われます。

人というのは欲張りなものです。その男も例外ではなく、できるだけ広い土地をもらおうと、一生懸命に歩き回ります。疲れても休まず、ふらふらになっても歩きつづけます。歩いて歩いて、限界まで歩いて、最後、約束の日没までに、ぎりぎりでたどり着くのですが、彼は戻ってきた瞬間に地面に倒れ、周りの人が駆け寄ったときにはすでに死んでいました。

結局、この男に必要なのは、体を横たえたたったこれだけの土地だった、というのがこの話のオチです。

世界中の人が土地に対する欲望を持っています。日本人も、自分の土地が欲しいと思っています。

しかし、この欲望は古代の日本人の中では眠っていました。その眠っていた欲望を目覚めさせ、火をつけてしまったのが、この三世一身の法だったのです。

この法律ができてわずか二〇年後、今度は「三代」と限定せず、永遠に墾田の私有を認める「墾田永年私財法」が発布されます。

なぜたった二〇年でこの法律を出さなければならなかったのか、これは非常に興味深いところです。

必ず失敗する理想社会

これらの法律が生まれた古代社会では、「公地公民」と言って、土地はすべて天皇ただ一人のものでした。その天皇の土地を、天皇の慈悲をもって国民に貸与《たいよ》する。土地を貸与してもらった国民は、感謝を込めて天皇に収穫の一部を税として献上する。こうした考えに基づく「班田収授法《はんでんしゆうじゆほう》」が、施行され機能していました。

貸与される土地の広さは男女で差はありましたが、基本的には同じ広さの土地が割り当てられました。この割り当てられる一人分の土地を「口分田《くぶんでん》」と言います。

土地を与えてくれるなんて、なんと素晴らしいことでしょう。共産主義が思い描く理想郷のような話です。一人ひとりが必ず土地を持てて、しかもそれが平等であるというのですから、美しい社会です。

でもこれは、共産主義社会がやろうとして、結局うまくなしえなかった、人類の理想でありながら、必ず失敗する、いわば人類の「野望」のようなものです。

土地私有をやめようというのは、トルストイも主張したところですが、実際にやろうとすると、必ずその国家は破滅に至ってしまう。絶対にうまくいかないのです。これが人類における理想と現実とのギャップです。

自分がもらった口分田は、一生きちんと耕して、死んだら天皇にお返しする。子どもが生まれたら、その子どもにも天皇がちゃんと土地を与えてくれるので、自分の土地を子どもに残すことは考える必要がありません。これはある意味、とても健全なシステムです。

特に、当時はほとんどの国民が農業を生業《なりわい》としていた時代ですから、自分で耕して自分で食べるのが生活の基本です。公地公民であれば、貧しく自分の土地を持てない悲惨な農民が生まれる心配もありません。これは、現代で言うなら、全員の就職が生まれた時点で死ぬまで保証されているようなものです。ですから、みんなが安心して生活することができるのです。

しかし、その理想的な制度は長続きしませんでした。

三世一身の法がなければバブル崩壊もなかった？

公地公民の世界を崩した三世一身の法の歴史的意義はとてつもなく大きいものです。なぜなら、誰もが土地を持てるというある種の理想的な社会を壊し、一部の金持ちと無産階級をつくるきっかけとなったからです。

いまとなっては、土地の私有が認められたのは、当然の成り行きだと感じられます。**しかし、もし、このとき土地私有が認められたことによって、一九八〇年代後半から九〇年代初頭にかけての「バブル景気」が引き起こされたのだと言われたら、また違って見えて**

くるのではないでしょうか。

バブル景気と呼ばれた時代は、いまから考えるとどこか異常なことを、誰もが当たり前だと思っていた時代でした。

不動産屋をやっていた私の知り合いは、ある日会ったときに、何億円もの借金を抱えて大変だと言っていたのが、二年ほど経って再会したときには、四つものホテルのオーナーになっていました。

当時私は、大学院生で収入がなかったので、それがどのぐらいの資産なのか、まるで見当がつきませんでしたが、それを聞いて、単にすごいというより、何かが狂っているような違和感を感じました。

当時は、私の友達の中にも、ワンルームからちゃんと転がせば何千万になり、それがやがては大きな一軒家になるという話を真面目に信じて、不動産に手を出した人がいました。でも彼の場合は、不幸なことに、転がしはじめて間もなくバブルがはじけてしまったので、資産どころか借金を背負う羽目になってしまいました。

あの「バブル」というのは、やはり私たちの心の中にある土地私有に対する限りない欲望が、土地幻想、土地神話を支えることで成立していたのだと思います。

いつの時代でも最終的に信頼できるのは土地だ。ほかのものの価値は変わっても、土地だけはいつでも誰でも欲しがるものだから決して失われることはない、むしろ土地の価値は上がりつづけるのだからいくら大金をつぎ込んでも大丈夫だ、と考えてしまったのです。

もし、土地を所有することを知らなければ、その欲望に火がつくこともなかったでしょう。つまり、三世一身の法がなければ、あのバブルもなかったかもしれないのです。

でも、「バブル」はやはり泡でした。みんながそれを価値あるものだと思えば思うほど、値段は上昇しましたが、実体はそれほどの価値などなかったのです。バブルの崩壊によって、私たちはそのことを知りました。

しかし、また最近、少しずつ土地幻想が湧きあがってきている気がします。

私たちの中に棲《す》みついて離れない、土地というものに対する止みがたい欲望、それを目覚めさせてしまったという意味で、三世一身の法は、とても大きな意味を持っています。

バブルでいい目を見た人も痛い目を見た人も、すべての根源が三世一身の法にあったことを知ると、いまの私たちの生活が、過去の歴史の延長線上に成り立っていることが実感できるのではないでしょうか。

三世一身の法というのは、そんなもののあわれを感じさせるような法律だから、ひそかに人の無意識下にまで入りこみ、忘れがたいものになっていたのかもしれません。

すごい！ 2

土地制度の変遷《へんせん》は「チャラ」にしよう運動

班田収授が崩れていった理由

公地公民、班田収授が多くの人にとっての理想の姿であるなら、なぜ崩れていってしまったのでしょうか。

まず公地公民の始まりから見ていきましょう。

公地公民が制度として行なわれるようになるのは、大化の改新以降です。六四六（大化二）年に発布された改新の詔の第一条で、王族や豪族の土地所有を禁止し、代わって「食封《じきふ》」（一定地域の世帯から上がる租庸調《そようちょう》と呼ばれた税・労役）を与えることが定められています。

つまり、大化の改新によって、日本の土地と人民は、すべて天皇のものとなったのです。ここでのポイントは、土地と人がセットになっているということです。

いまでこそ、土地はただあるだけで財産価値がありますが、当時は、稲作こそがすべての富の源だったので、ただ土地があるというだけでは、財産価値はありませんでした。土地は、誰かが耕し収穫があって初めて価値のあるものとなります。つまり、耕す「人」がいなければ価値がないのです。

でもこれは人も同じです。人がいても土地がなければ、作物を生みだすことはできません。だから、人と土地をセットで管理することが必要だったのです。

班田収授は、六年に一度作られる戸籍に合わせ、そのときに受田《じゆでん》資格を得た者に口分田が与えられ、死亡した者からは口分田が収公《しゆうこう》されるというかたちで行なわれました。

一見すると理想的なこの制度も、実際にはさまざまな問題をはらんでいました。

まず問題として現われたのは、貧富の差でした。

みんな同じだけの土地を与えられているのに？　と思うかも知れませんが、土地というのは、まったく同じものはありません。班田収授で規定された「同じだけ」は、「同じ広さの土地」というだけであって、環境や土地のコンディションは決して同じではありませんでした。

収穫の上がらない土地をあてがわれた人は、まさに労多くして実り少なしですから、やってられません。そのくせ、税の取り立てだけはきますから、いたたまれなくなります。その結果、「こんな土地いらねぇや」とばかりに、土地を捨てて逃げてしまいます。耕してくれる人がいなくなれば、土地は荒れていきます。次の戸籍調査の時に収公しても、何年も荒れていたような土地は、すぐに口分田としては使えません。

その一方で、人口の増加による口分田の不足という問題も生じていました。逃げた民もいたので、土地がないわけではないのですが、収公した土地は荒れてしまっていたため、農業が可能な耕された土地は不足していたのです。

そこで行なわれたのが、七二二（養老六）年の百万町歩《ひゃくまんちょうぶ》の開墾計画でした。これは、農民に食料や道具を貸し与えて開墾作業をさせ、耕作地を増やそうという計画です。しかし、実績はほとんど上がらず、計画倒れに終わりました。

[土地所有制度の移り変わり]

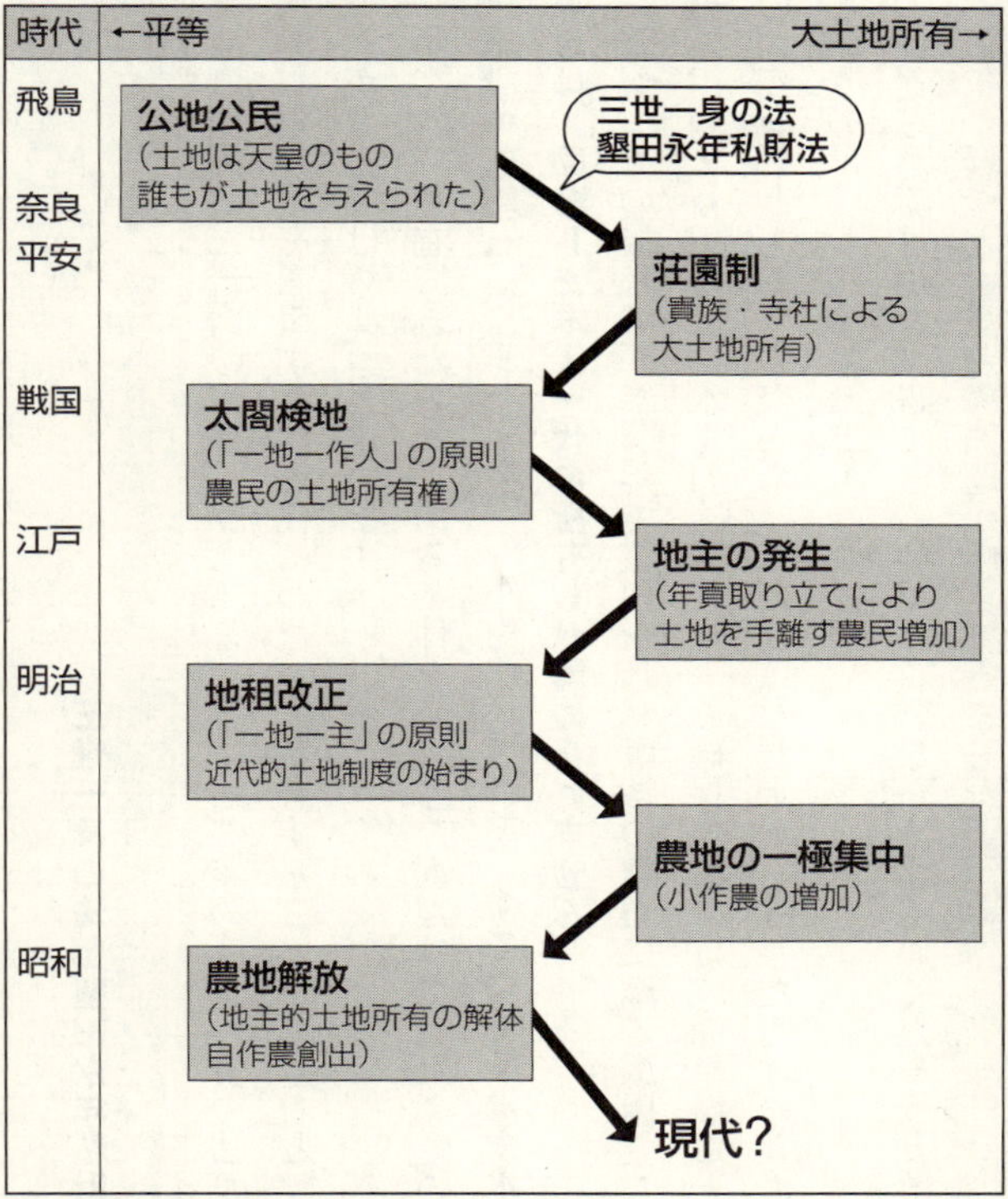

土地所有の歴史は、誰もが平等に機会を得られる時代と、
大土地所有者にかたよる時代のくりかえし。

三世一身の法と墾田永年私財法の欠点とは

困った政府が出した苦肉の策が、翌七二三（養老七）年の三世一身の法だったのです。

この法律、荒れ地を開墾すれば三代にわたって私有することができると覚えている人が多いのですが、実際はちょっと違います。

三代にわたって私有できたのは、ある条件を満たした人だけでした。その条件というのは「灌漑《かんがい》施設の新設」、つまり自力での水の確保でした。**すでにある池や水路の水を使うという場合は、開墾した本人一代の所有しか認められません。**

実はこれが、その後わずか二〇年で墾田永年私財法の発布に至る原因でした。

灌漑施設、つまり田んぼに水を引くシステムを確保するのは、簡単なことではありません。その大変なことをしたのだから、その人はただ土地を耕しただけの人よりは優遇しましょうというのは、しごくもっともな話です。

人々も優遇される理由が納得できるので、これならうまくいくだろうと政府は思ったのですが、何年か経つと、思わぬ問題が起きてきました。

せっかく開墾したはずの土地を、人々が捨てはじめたのです。

これは、一代限りの所有しか認められなかった人たちが、年を取ってきたとき、どうせお上《かみ》に返さなきゃならん土地なら、一生懸命耕しても無駄だと思うようになってしまったからでした。つまり、「一代限りの所有なら口分田と同じじゃないか」ということです。

政府は、もともとすぐに口分田として使える土地がほしかったのです。

でも、食事と道具はこっちが用意するから開墾してよと頼んだ百万町歩開墾計画が失敗したので、「じゃあ、ある一定期間は、君のものにしていいから開墾してよ」と頼んだのです。これが三世一身の法です。

それでも、政府に返す時期が近くなると、「どうせ返すものを丹念に手入れするバカはいないよ」とばかりに、土地を見捨てる人が増えてしまったのです。

政府に戻ってくるのは、ここでも使い物にならない荒れた土地だけ。政府の当ては見事にはずれてしまったのです。

三世一身の法が出てから、わずか二〇年後に墾田永年私財法が出たということは、その少し前にはすでに、荒廃した土地が増えてどうにもならない状態になってきていたということです。

そこで政府は、一つ思い切った判断を下します。「もう、ずっと自分のものにして良いから、途中で捨てたりしないで、最後まで耕して税金だけはきちんと納めてよ」と、公地公民路線を崩してでも、政府の収入アップを目指すことにしたのです。

これが「墾田永年私財法」です。

今度は期限がありません。耕したら永遠に子孫に残していってやれるのです。自分で耕した土地がすべて自分のものになるのですから、これはモチベーションがあがります。

これはある意味とても健全なモチベーションの持たせ方なので、政府のやり方としては間違っていないと思います。何しろ、民に土地を耕してもらわないことには、税収は一向に増えないのです。

ただ、一つだけ政府はこの法律に条件を付けておくべきだったと思います。

それは、「所有できるのは、自分一人の力で開墾した土地に限る」という一文です。人が自分一人の力で開墾できる広さなどたかが知れています。**この法が大土地所有につながってしまったのは、他人を労働力として使い、開墾した土地を私有する人々が現われてしまったからです。**だから、「本人に限る」という条件を付けておくべきだったのです。

結局、そうした歯止めがなかったために、他人を労働力として使う力を持っていた貴族や豪族、大寺院などが原野をどんどん開拓し、灌漑施設を造り大土地所有者へと成長していきました。

荘園制が生みだした「搾取される労働者」

三世一身の法を作ったとき、政府が目指していたのは、より多くの良田を開墾し、不足していた口分田を増やすことでした。

しかし現実には、貴族や寺社が多くの人民を抱《かか》えこみ、多くの労働力を使うことで大量の土地を開墾させ、大土地所有者へと発展していってしまいました。

そして、政府はますます疲弊《ひへい》していくことになってしまったのです。

こうして生まれた裕福な貴族、豪族、寺社の土地は、どんどん拡大していき、やがて公地公民制を根底から揺るがす「荘園《しょうえん》制」へと発展していきます。

「荘園」というと聞こえはいいですが、要するにあれは一部の資産家による大土地所有だったのです。

いくら土地の私有が認められても、開墾した土地から収穫されたものの一部は、税金として国に納めなければなりません。であれば、大土地所有でも個人所有でも、開墾された土地が多くなれば、なっただけ政府の税収はアップするはずです。ですから、たとえ大土地所有者が増えても、墾田永年私財法を発布した政府の目的は、遂げられるはずだったのです。

そうならなかったのは、税金の徴収システムがきちんとできていなかったことが関係しています。

拡大した荘園領主の中から、政府とのコネクションを利用して、税金を免除してもらう権利や、荘園内の調査を拒否する権利を勝ちとるものが出てきたのです。この特権を「不《ふ》輸《ゆ》・不入《ふにゅう》の権」と言いました。

こうした状況が進むと、自分の土地を有力者に寄進《きしん》する人たちが現われるようになります。なぜなら、名目上、土地を有力者に寄進してしまえば、土地がその有力者のものになるので、税金を免れることができるからです。もちろん、寄進した荘園領主には、お礼として作物を献上しなければなりませんが、税を納めるよりはずっと安く済みます。

いつの時代も庶民の最大の悩みは税金なのです。

もちろん、政府の方もただ黙って税の減収に甘んじていたわけではありません。天皇の名の下に「荘園整理令」を出して、荘園の新規設置を取り締まったり、違法なものは公田に戻すなどして、公領の回復を目指しました。

しかし、いくら上の方で「国のために！」と叫んだところで、実際に取り締まるのは、大きな荘園を抱える有力貴族なのですから、成果が上がらないのは、ある意味必然の結果でした。

このように平安初期から拡大しはじめた荘園制は、平安、鎌倉、室町、戦国と、その時代に合わせて、少しずつ形態は変化していくものの、その時代の権力者と大土地所有者がコネクションを保ちつづけることで続いていきます。

太閤《たいこう》検地をやった秀吉のすごさ

荘園を完全に解体させたのは、実は豊臣秀吉の「太閤《たいこう》検地」でした。

昔、日本史の授業で、豊臣政権が新体制を作り出すために行なった政策として「刀狩《かたながり》」と太閤検地」とセットで覚えさせられましたが、この太閤検地は、ただ度量衡《どりようこう》（長さ・容積・重さの単位基準）を統一したというだけの出来事ではなかったのです。それまでの長い荘園制を崩壊させたという、日本の土地所有制度を考える上で、とても大きな意味がありました。

戦国時代は、荘園制が生き残っていたとはいえ、その利権はただ単に大土地所有者に帰属するという単純なものではなくなっていました。一つの土地に、何人もの人が権利を主張する多重支配になっていたのです。

秀吉は、全国各地を征服するごとに、検地を行ない、そうした複雑な土地の権利関係をすべてチャラにしたのです。

これによって、太閤検地を行なった土地は、すべて秀吉が任命したその土地の領主に帰属することとなりました。墾田永年私財法で「永年」を約束された所有も、すべてチャラ。

土地は再び私有から公有になったのです。

その上で領主は、実際に土地を耕していた領民たちに、土地を耕す権利を認め、それによって領民を直接支配する体制を整えました。

班田収授のときのように一人当たりの土地の面積が決められていたわけではありませんが、領民たちは土地の記録と共に納税責任者として検地帳に登録されました。これは、領民の耕作権が公に保証されるという意味があったのと同時に、領民が土地から離れられないように、つまり、班田収授の時のように土地を捨てて逃げることができないようにする意味も含まれていました。

さすが、天下を統一する人はすごい。

領地は一応、その土地を治める領主のものなのですが、それは完全なる所有ではありませんでした。あくまでも「領地は預かり」であって、突きつめれば、天下を統一した豊臣秀吉のものとされたのです。そのため、豊臣政権下では、領主といえど、年貢の使い道は政府に規定され、自由に決めることはできませんでした。

豊臣政権のあとを継いだ徳川幕府も、基本的には「領地は預かり」を継承します。しかし、年貢の使い道まで決めたのでは、大名たちに不満がたまり、却《かえ》って危ないことにもなりかねないので、大名が自由に決められるようにしました。

それでも、一応土地の持ち主はあくまでも徳川幕府なので、天下普請《ふしん》や幕府からの要請があれば、大名は金品の供出を拒《こば》むことはできなかったのです。

これも非常に賢いやり方だと思います。

庶民はいつから「自分の土地」を持てるようになったのか

でも、こうしてみていくと、ごく普通の人が「自分の土地」を持てたのは、三世一身の法と墾田永年私財法が制定されたときの、ほんの一瞬だけです。あとはずっと自分の土地が持てず、大地主さまのためにせっせと耕すだけの悲しい存在です。

太閤検地で土地が公《おおやけ》のものになっても、農民からすれば首がすげ代わっただけで、自分が土地を持たない小作であることに変わりはありません。

江戸時代には、貧しい農民が田畑を質に入れたり、売ったりすることがあったので、土地をもっていたのと同じ部分はあるのですが、それも正しくは、土地を使用する権利を売買していたということになります。いまで言えば、借地権を転売していたようなものなのです。

では、庶民が本当の意味で「自分の土地」が持てるようになったのは、いつなのでしょう。

答えは、一八七三（明治六）年の地租改正《ちそかいせい》です。

江戸時代まで、基本的に税金は「米」で納められていました。

地租改正にはいくつか要点があるのですが、そのメインが、税金をいままでのように、取れ高に応じて米で納めるのではなく、土地の価値、つまり地価に応じてお金で納めるということがあります。

このとき、注目しなければならないのが、納税責任者が、土地の耕作者ではなく、地券の発行によって認められた土地の所有者とされたことです。

「地券」というのは、土地を実際に調べ、その所在、地種、面積、価格、持ち主を明記した明治政府が発行した土地の権利書のようなものです。この地券の発行に当たり、旧幕府や旧藩主の土地の所有権は認められず、農民が土地の所有者と認められました。

ただし、そこに地主と小作という事実上の関係がある場合は、土地の所有者は地主とされました。

ですから、マクロで見れば、幕府・大名という大土地所有者の所有権がチャラにされ、農民が「自分の土地」を持つことができるようになった、と言えるのですが、ミクロで見ると、貧しい小作は、名実共に土地を失うことにもなったのです。

土地の価格が公に決まり、土地の売買も認められるようになると、土地はまた一気に金持ちのところに集まっていきました。金にものを言わせて土地を手に入れる者もいれば、中には、政府とのコネクションをうまく使って、いい土地を大量に手に入れる者も現われました。

再び大土地所有者に集中した土地を、次に解体したのは、終戦から間もない一九四六(昭和二十一)年、GHQ(連合国軍最高司令官総司令部)指揮のもと行なわれた「農地改革」でした。

GHQは、当時農民の約七割を占めていた小作農が、高い小作料を負担していたのが軍国主義の基盤になっていたとして、大地主の解体、自作農の増加を目的に、農地改革を行ないました。このやり方は強引で、政府が地主から小作地を安く買い上げ、それを小作人に売りわたす、という方法で行なわれました。

大地主からすれば、土地を強制的に没収されたようなものですが、貧しい小作からすれば、これによってやっと、悲願の「自分の土地」を持つことができたのです。

土地というのは、放っておくと集中してしまうもののようです。集中し、不平等が生じると、大きな力がそれをチャラにする。でもまたしばらくたつと集中し、不平等が生じ、またチャラにする。こういうことの繰り返しが、土地所有制度の大きな流れとなっているのです。

農地改革では、公地公民制の口分田とまではいきませんが、かなりの人々が自分の土地を持つことができました。しかし、そこでいったんチャラになった大土地所有も、その後少しずつ集中していき、ここ最近の格差の広がりによって、その集中度はさらに加速してきています。

ここらでそろそろ、また農地改革か何かがほしいところですが、いまの政府にそれは望めないでしょう。

なぜなら、こうした大きな改革、つまり「チャラにしよう運動」には、必ず支配層の大転換が伴っているからです。

公地公民、太閤検地、地租改正、農地改革。これらはすべて、「チャラにしよう運動」ですが、これらが行なわれたのはすべて、支配層が大転換した時期です。公地公民は大化の改新。太閤検地は秀吉の天下統一。地租改正は明治維新。そして、農地改革は敗戦。

つまり、土地が一部に集中し、どんなに不公平に苦しんでも、大変革の時期にならない限り「チャラ」にはできないということです。

すごい！
3

現代に受け継がれた人類普遍の土地神話

東京に「口分田」がほしい

こうして日本の土地所有制度の変遷《へんせん》を見てくると、そもそも最初の班田収授法が、いかにすごいことだったのか、ということがわかります。

なんといっても、すべての国民、一人ひとりにちゃんと土地を与えるという発想がすごい。

それはもちろん、そこから税収入をしっかり取ることとセットではあるのですが、班田収授のやり方、口分田の割り当て方が、あれほど杓子定規《しゃくしじょうぎ》ではなく、土地の質や、収穫量などまで加味したうえで、税負担を平等にすることができていたなら、とても公平な制度になり得たのではないかと思います。

国民みんなが同じスタートラインに立つことができ、より頑張って開墾した人は、その分は褒賞として与えられる。そして、死んだらすべて国に返す。こうしたルールであれば、これはまさに理想的な土地所有制度と言えるのではないかと思います。

私は地方出身ですが、田舎にいたときは、親が土地と家を持っていました。ですから、当時は自分のことを貧乏だと思ったことはありませんでした。

ところが、東京に出てきてアパートを借りて暮らし、しばらく経って結婚したので、もう少し広いアパートを借りようと物件を探したとき、そこで出会った大家さんに、すごく強く出られたのです。「収入はいくらぐらいか」とか「勤めはあるのか」とか。私が正直に「ありません」と言うと、「それでは貸せない」と言うのです。

私はショックを受け、そのとき思いました。地方の人間が東京に出てきて、家族を作り、家を持とうと思ったら、その人の一生はそれだけで終わってしまう。でも、東京で生まれ育った人で親が土地を持っていれば、私のような思いをすることもなく、高い家賃を払って部屋を借りる必要もなく、家だって親の土地を相続すればいいのだから、同じ収入でもずっと豊かな暮らしができる。これは不公平だ、と。

スタート地点が違いすぎるのです。

土地問題は、いつの世も、そうした「スタート地点が違うんじゃないの」という不満感を生みだす根源です。

同じところからスタートし、その人個人の努力の差によって格差が生まれるのならまだいいのですが、生まれたときにすでに周回遅れでは、モチベーションの持ちようがありません。

土地付き一戸建ての家を建てるだけで、一生が汲々《きゅうきゅう》となってしまうなんて、何かがおかしい。私は「東京に口分田が欲しい!」と思いました。

律令制にはいろいろな問題があったことは確かですが、みんな同じスタートラインで生きよう、そのためにはみんな一代限りの同じ広さの土地を持てるようにしよう、という律令の杓子定規なやり方にも私はそれなりのよさがあったと思います。

土地はなぜ人のものなのか

考えてみたら、土地はなぜ人のものなのか、不思議に思うときがあります。

私たちは山を見て、「ああ、いい山だなぁ」と思います。でも、その山というのは、富士山のようなものは別ですが、小さな山などは、みな誰かの所有物です。私など、「この山とこの山は大地主の誰々のものだ」と聞くと、「いつ誰が決めたんだよ」と思ってしまいます。

大きな土地を持っている人は、昔からの地主だと言うのですが、その「昔」というのはいつなのでしょう。どこかに土地持ちになったきっかけがあったはずです。たとえば明治時代に制度が変わったときに手に入れたという人もいれば、戦後のどさくさで、という人もいるかも知れません。

実は、昔は結構、この「どさくさに乗じて」というのが、あったのです。

たとえば、慶應義塾大学。慶應は、現在三田《みた》に広大なキャンパスを持っています。慶應が三田に移ったのは、一八七一（明治四）年、まだ大学部が発足していない慶應義塾であったときのことです。

実は、慶應がこの土地に移る前、三田のこの広大な土地には、島原《しまばら》藩の中屋敷が建っていました。では福沢諭吉は、どのようにしてこの土地を手に入れたのでしょう。彼の自伝『福翁自伝《ふくおうじでん》』におもしろいことが書いてあります。

「三田にある島原藩の中屋敷が高燥《こうそう》の地で海浜の眺望もよし、塾には適当だと衆論一決はしたけれども、此方《こっち》の説が決したばかりで、その屋敷は他人の屋敷であるから、これを手に入れるには東京府に頼み、政府から島原藩に上地《じょうち》を命じて、改めて福沢に貸し渡すという趣向」を思いついた、というのです。

なんともすごい話ではないでしょうか。

ちょうどその頃は、明治政府の発足に伴い、諸国の大名が江戸に持っていた三つの屋敷(上《かみ》屋敷、中《なか》屋敷、下《しも》屋敷と呼ばれた)のうち二つを上地、つまり政府に返上させるという取り決めができたときだったということもあり、福沢は、政府からの頼まれごとを引き受ける交換条件として、この土地を手に入れたのです。

当時は、官有地が、コネのある人にそっと払い下げられるということが多々あったので珍しいことではなかったのかも知れませんが、まさに「どさくさに乗じて」うまくやったとしか言いようがありません。

こうしたケースは、日本の長い歴史の中には多々あり、それは、私たちが気づかないだけで現代まで続いています。

たとえば、西武グループが所有しているプリンスホテル。あれが「プリンス」ホテルという名称になった理由をご存じでしょうか。それはあのホテルが、戦後旧皇族が手放した多くの土地にホテルを開業したことに由来しているのです。

でも、そうした土地は公に販売されていたわけではありません。内々に話がくるだけのコネクションがそこにはあったのです。

いまでも、コネを持っている人は、いろいろな情報を手に入れ、それをうまく活用することで土地やお金を手に入れています。

たとえば、将来この土地に新幹線が通るという計画を知り、その周りを買っておけば、黙っていても儲《もう》かります。実際、高度成長期には、それで儲けた人がたくさんいました。国鉄が民営化されたときにも、コネをうまく使って、国有地を安く払い下げてもらったというケースは決して珍しくありませんでした。

コネクションのない人は、指をくわえてみているしかありませんが、コネさえあれば「どさくさに乗じる」機会はいくらでもあったのです。

土地の私有が認められると、どうしても、持てる人と持てない人が現われます。そして、基本的に一度誰かが手に入れた土地は、その人が売らない限り動かない。財産価値のある土地は、限られた人の間だけで取引がなされていく、という事態を引き起こします。

これはいまもそうですが、土地の私有制度のもとでは、多くの人が土地問題に対する不公平感を感じることになるのです。

「こんな世の中に誰がした」と嘆《なげ》くとき、私は、本当に土地私有というものは、人類にとって避けられないことだったのかと、考えてしまうのです。

土地所有の上限を決めてしまえばいい

人間の欲にはきりがありません。そのため、お金や権力、コネクションを手に入れた人は、もっともっとと、できる限り多くの土地を持とうとします。

でも、あまり多くの土地を持ちすぎるのは、決して良い結果には結びつかないように思います。

たとえば、西武グループ。あそこは土地を持ちすぎました。私は、滋賀県にある堤康《つつみやす》次郎《じろう》氏のお墓を見たことがありますが、「仁徳《にんとく》天皇陵か！」とツッコミたくなるほどの広大さです。

あれはさすがに、土地として、無駄な使い方のような気がします。土地というのは、本来はああいう使い方をしていいものではないはずです。

ですから私は、「人はこれ以上の土地を持ってはいけません」と、制限を決めたらどうかと思っています。

たとえば、一人の人間が所有できる土地の広さを一〇〇坪と規定する法律ができたとしましょう。東京では四〇坪の敷地を手に入れるのも大変なのですから、これはだいぶ広めの設定です。

でも、全国規模で見ると、もっと広い土地を持っている人も大勢いるので、そういう人たちは、一〇〇坪だけ残して、あとは全部吐きださなければなりません。

これはすごいことになります。

大量の土地が一気に市場に流出することになるので、価格は暴落します。すると、これまではとても一〇〇坪の土地なんて、と思っていた人も土地が買えるようになります。

場所によっては同じ一〇〇坪でも価格差ができるので、一〇〇坪同士を交換するのであれば、すでに土地を持っている人も土地を買う（交換する）ことができます。

もちろん、私有できる広さを制限しても、都心の一〇〇坪が地方の一〇〇坪より高いという状況は変わらないと思いますが、それでもいろいろな土地持ちから大量の土地が吐き出されるのですから、いまよりずっと多くの人が土地を持てるようになることは確かです。

別に、土地をただで売れと言っているわけではないので、規定以上の土地は、売ってお金のかたちで持てばいいのです。

誰もこうした改革をしようとしないのは、法律をつくっている人たちが、すでに広い土地を持っているからなのでしょう。

家を建てるだけであれば、それほど大きなお金はかからないので、土地さえあれば、みんなが一戸ずつ「我が家」を持てるようになります。自分の土地と家があるとなれば、いま大きな問題となっている少子化問題にも効果が望めると、私は思います。

子どもをこれ以上望まない人、結婚を望まない人の中には、現在の自分に「何も持っていない」という無力感を感じている人が、実はとても多いのです。

事実、子どもの数は、住宅事情によってかなり制限されます。私も、狭いマンションに暮らしていたときは、「子どもは二人が限界だな」と思っていましたが、それからしばらくして、もうちょっと広いマンションに引っ越したときには、「もう一人いてもよかったな」と思いました。まあ、実際には、そのときにはもう一人子どもを作るには遅すぎましたが。

もちろん、中には狭い家でもたくさんの子どもを育てている人はいますが、やはり多くの人は、気持ちの余裕がないと、「もう一人」とは思えないものです。

このように考えると、私たちの心情がいかに土地に支配されているのかよくわかります。

土地所有制度の問題というのは、どの時代においても、とても大きな問題です。

そして、学校の歴史教育では、土地所有制度だけを見ていくという勉強の仕方はしませんが、このように一つの流れとして見ていくと、そこから多くのことが学べます。

私たちはどこで土地を失ったのか、なぜ誰かのものになってしまったのか、そして、これからどうすればいちばん良いのか。

ぜひ一度じっくり考えてみていただきたいと思います。

第6章

「鎖国」とクールジャパン

——「日本的」なるものを煮つめた二〇〇年

すごい！1

「クールジャパン」の源流は江戸にある

家康《いえやす》はなぜ「鎖国」をしたのか

徳川家康《いえやす》の行なった数々の政策のなかでも鎖国は絶妙なものでした。

鎖国がよかったか悪かったかというのは、いまさら言っても仕方がないほどに、日本の形成に絶大な影響を与えています。

哲学者の和辻哲郎《わつじてつろう》氏が、『鎖国　日本の悲劇』という本を書いていますが、よきにつけ悪《あ》しきにつけ、鎖国が日本人のカラーをつくってしまった事件であることは確かです。

鎖国が制度として確立されるのは、三代将軍家光《いえみつ》のときですが、構想を描いたのはやはり徳川家康でした。

[年表] 鎖国への歩み

年代	出来事
1612 慶長17	幕府、直轄領でキリスト教を禁止
1613 18	全国にキリスト教禁止令
1616 元和2	中国船を除く外国船の来航を平戸・長崎に制限
1623 9	イギリス、平戸商館を閉鎖
1624 寛永1	スペイン船の来航を禁止
1634 11	海外との往来・通商を制限
1635 12	日本人の海外渡航・帰国を全面禁止
1639 16	ポルトガル船の来航を禁止
1641 18	オランダ商館を出島に移す

では、家康はなぜ鎖国をしようなどと思うようになったのでしょう。

実は、広い意味で言えば、これも大名統制の一環でした。家康の作った支配機構のなかでも、大名統制は徹底しています。

まず、それまで一つの国（藩）内にいくつもあった城を、一つに制限した「一国一城令」。あれは、大名の居城を一つに限ることで武力を弱めさせることが目的でした。他にも「参勤交代」というとんでもなく無駄でばかばかしい行列をさせ、お金をばんばん使わせています。武家諸法度《ぶけしょはっと》も、そして鎖国も、大名を統制するためのものでした。

江戸幕府ができたばかりの頃は、家康も、キリスト教は禁じますが、貿易は奨励《しょうれい》するという方策をとっています。これは、幕府も何かと資金が欲しい時期だったので、平たく言えば、子分どもである大名にせっせと稼《かせ》がせて、貢《みつ》がせていたのです。しかし、そのうち気づくのです。これを独占してしまえば、全部幕府のものになるじゃないかと。そこで幕府は、思いきって貿易する国をオランダや朝鮮、琉球、アイヌだけに絞り、貿易していい場所は長崎の出島《でじま》など四カ所だけに限って、自分たちで独占し、それ以外の貿易をすべて禁じてしまったのです。

しかし、一応禁じたものの、それだけではまだ不安がありました。日本は、周りが全部海なので、やろうと思えば、どこでも海外との貿易ができてしまうからです。

ここで取った策がすごい。なんと、海外と貿易ができるような大きな船を造ることを禁止するのです。

江戸時代の絵を見ると、当時の船というのは、帆《ほ》が一枚、ぴらっとついただけのお粗末な小舟ばかりです。これは大きな船を造れなかったからではなく、造ってはいけなかったからなのです。

その証拠に、江戸時代の初期、一六一三(慶長《けいちょう》十八)年に、伊達政宗《だてまさむね》の家臣、支倉常長《はせくらつねなが》は慶長遣欧使節団《けいちょうけんおうしせつだん》を率いてヨーロッパまで渡航し、ローマで貴族に列せられています。

このとき使った船は、石巻《いしのまき》で建造された日本製のガレオン船サン・ファン・バウティスタ号（日本名・伊達《だて》丸）です。この船は、現在復元されたものが石巻市にありますが、排水量五〇〇トン、全長五五メートル、最大幅一一メートル、三本マストの立派な外洋船です。

さらに、密貿易を行なったものが、「いやー、たまたま船が流されちゃったんですよ」という言い訳ができないように、日本人が外国へ行くことも、万が一、外国に行ってしまった人が日本に帰ってくることも厳しく禁じます。

こうして、幕府以外が貿易をできないように、できないように、と策を講じていった結果、日本は「鎖国」という不思議な状態になっていったのです。

鎖国は「クール・ジャパン」の源

家康という人のすごいところは、彼のやったことは、どれも何百年も先を見通しているということです。

戦国時代、最初に現われたのは、織田信長《おだのぶなが》という天才でした。それを引き継いだ秀吉も異常と言ってもいいほどの才能の持ち主でした。でも、それから何百年も経ったいま、日本に最も大きな影響を与え続けているのは、家康の作った鎖国という制度です。

実は、現在、世界で勝負している日本の文化というのは、浮世絵から始まって、現在のオタク文化に至るまで、すべて鎖国的な感性から生まれているのです。

あの「萌《も》え」というのも、秋葉原《あきはばら》という、いわば鎖国地帯から生まれたものです。

他にも、少し文脈は違いますが「ゲーム文化」も、日本の鎖国を背景に持っています。日本人というのは、異様なほど子どもが好きなのです。その子ども好きが高じて生まれたのがゲームです。

日本人は子どもを喜ばせることにおいては、世界でも稀《まれ》な情報と技術を持っています。

子どもを喜ばせる文化ということでは、他国の追随を許さない。

その結果、ほかの国の子どもまで全部だめにしてしまうようなゲームまでつくってしまう。でも、すべては子どもを喜ばしたいという一心、異常なまでの「子どもかわいがり」心から発しているのです。

以前、ヨーロッパの学会に行ったとき、外国の参加者から、「あの『たまごっち』はなんとかならないのか」「授業中に卵を育てる生徒がいて困るんだ」と質問攻めにあったこ

[クールジャパンと江戸文化]

江戸文化	クールジャパン
浮世絵	マンガ
歌舞伎	アニメ
かるた	ゲーム
春画	AV
俳諧・連歌	ネット文化
瓦版	テレビ

クールジャパンと江戸文化には多くの共通点がある。

とがありました。

このように、外国を困らせるほど強烈な日本の子ども文化は、日本人の持つ異常なほどの「子どもかわいがり」意識が、鎖国体質のもとに発酵することで生まれたものと言えます。

マンガも、いまでは世界中で読まれていますが、ちょうど私が大学生の頃、日本は大人が平気でマンガを読んでいるが、あれはおかしい、ということを海外からずいぶん言われたことがありました。そんな、この国だけでやっているおかしなことが、いまの文化的輸出品になっているのです。

そういう意味では、オタクやマンガと言った、世界で人気を博している日本発の文化は、どれも日本人の鎖国的体質から生まれたものと言えます。

かつて、日本の浮世絵が印象派にバーンと大きな影響を与えたように、いまはアニメやゲーム、オタク文化が世界中のクリエイターに影響を与えています。

でも実を言えば、日本人は、もともとそうしたものが外国で通用するとは、思っていませんでした。あくまでも自分たちの内輪《うちわ》の楽しみとして作っていたのです。むしろ出たら恥ずかしい、外の人には見られたくないという気分で作っていたのです。

この内輪気分は、国境が地続きのヨーロッパにはないものです。しかし、だからこそ、外国にとっては非常にインパクトをもって、「クールジャパン」として受け取られたのではないでしょうか。

このように、外国が「クールジャパン」といっているものの正体は、実は日本の鎖国体質から生まれた、一種異様な文化だったのです。

だから、クールジャパンを語るとき、その源流である鎖国と、それを生み出した徳川家康は欠かせない存在なのです。

世界に迷惑かけないから、放っておいて！

もし日本が鎖国をしていなかったら、これほどの独自性、これほどのばかばかしさは生まれなかったでしょう。

外からの影響を受けると、どうしても独自性が失われてしまいます。

ですから江戸時代のあの「変さ」は、鎖国ならではのものです。しかも、その「変さ」は、内へ内へとエネルギーが向かったことで生みだされています。

たとえば、文学の世界でも、日本の私小説は身辺雑記のような内に向かう世界に入りこんでいっています。それは、西洋の心理小説とは全然違う世界です。

西洋の作家たちは、社会全体を描くスケールの大きさがありますが、日本人の作品は、自分の周りのごく細かいこと、たとえば「今日は妾《めかけ》の家に行き」みたいなことが綿々と書かれていく。

そういう、内に向かうばかばかしさには、歯止めがきかないというか、どこまでもいってしまうという傾向があります。それは、現代のエロ系の同人誌を見てもよくわかります。

同人誌の世界の、「ボーイズラブ」とか「やおい」と言われる分野は、とてつもない爛《らん》熟《じゆく》した世界を展開しています。

私はこのタイプの同人誌を、大量にもらったことがあるのですが、さすがにそれを見たときには「うわっ、すごいな」と思いました。マンガ『スラムダンク』の主人公、桜木《さくらぎ》花《はな》道《みち》と流川《るかわ》楓《かえで》が同性愛にはまっている設定だけでも何種類もありました。はっきり言って、ついて行けない世界です。

しかもおもしろいことに、そうした同人誌は、女性が書き、女性が読むことで成り立っている世界なのです。

私はこの世界をかいま見たとき、「ああ、エロだなあ」、「日本は本当に江戸時代から抜けだせないんだな」と思いました。

この国でしか通用しない、ものすごくドメスティックな、妄想の世界です。それは外国のエロの基準を、完全に無視したところで成立しているのです。

欧米のエロというのは、ちゃんと性的行為に集中している面が強いのですが、日本の場合はそういうところがメインではありません。すごいコスプレの世界に行ってしまったり、ストーリーの世界が異常だったり、企画の意外性そのものに集中していくのです。特殊な趣味を追求するあまり、「もはやこれはエロじゃないんじゃないか」というところまで行ってしまっているのも面白い。

ですから日本人は、ヘタに世界で通用するものを作ろうなどと考えずに、自分たちが楽しければいいじゃないか、という気持ちで物作りをした方が、結果的にオリジナル性の高いおもしろいものができるのではないでしょうか。

アキバも、ＡＶも、ゲームもアニメも、世界で通用しているものは、すべてそうして生まれたものです。それらは、あまりにも日本人的な妄想によって固められているところが、「クールジャパン」と賞されているのです。

だから、クールジャパンと世界にもてはやされ、日本人がそれを意識してしまうと、かえってダメになってしまいます。日本は、世界に見られていることを、意識したらダメなのです。

日本がクールな存在でいるためには、外に対する後ろめたさを感じながら、内に籠《こ》もって、好きなことをしているのがちょうどいいのです。

「もう頼むから放っておいて。私のことは見捨ててください」と言ってしまう。

世界に対し、「皆さん、この国のことは忘れてください」と言うのは、まさに鎖国です。

世界のあちこちが、ヨーロッパ列強に次々と植民地にされていたとき、日本は鎖国状態で、のんきに浮世絵を刷りつづけていました。

平和で、自分の好きな世界に籠もっていられる状態、もしかしたら、そんな鎖国の状態が、日本人にはいちばん合っているのかも知れません。

二〇〇年間煮込まれた「国」

鎖国は、二代将軍秀忠《ひでただ》の時代から始まり、三代家光の時代に完成します。その後、幕末にペリーが黒船でやってくるまでの約二二〇年間、ほぼ江戸時代中続きます。

私たちは、江戸時代をとても「日本的」な時代だと思っています。

明治時代は、欧米の文化を取りいれようとした時代なので、文化だけでなく、社会の構造も、人々の考え方も、欧米に学ぶところが大きく、「日本らしさ」というのがあまり感じられません。

その分、江戸時代には「日本らしさ」がつまっている感じがするのですが、江戸以前の時代と比べても、実は江戸時代というのは異様な時代です。なぜなら、鎖国をしたことによって、「日本らしさ」が究極まで煮つめられてしまったからです。

いまにして思えば、鎖国というのは、壮大なる実験室だったと言えると思います。

一つの国民を島国に閉じこめて、二二〇年間コトコト煮込んだらどうなるか。

何日間も煮込んだシチューというのがありますが、どんな材料もすべてとろけてドロドロ。その渾然《こんぜん》一体となったものは、「他店にはまねのできない独特な味」を醸しだします。

江戸時代の日本がまさにこれです。

他国にはまねできないどころか、理解できない不思議な味になっています。

江戸時代の日本は、どこをどう切り取っても「変」です。あの「ちょんまげ」というヘアースタイルからして変です。歩き方も右足と右手が一緒に出てるし、浮世絵も他では見られない異様なタッチです。

高度成長期に、日本はものまね大国と言われましたが、この時代の日本に「ものまね」は一つもありません。すべてオリジナルです。なにしろ鎖国しているのですから、まねはしたくてもできません。

鎖国している時期というのは、日本文化の熟成期です。「日本人らしさ」が閉じこめられることで発酵してしまった時期です。つまり江戸文化は、日本らしさの発酵食品なのです。

もちろん、鎖国が日本にもたらしたものは、いいことばかりとは言えません。海外との交流を禁じたことによる科学の停滞など弊害もありました。

でも、世界への文化的貢献ということで言えば、日本独自の空気が形成されたという、他の時代には見られないよい点もあったのではないでしょうか。

百花繚乱《りょうらん》の元禄《げんろく》文化

日本独自の文化ということでいうと、やはり元禄《げんろく》文化は一つの華《はな》でしょう。

十七世紀の終わりから十八世紀の初頭にかけて、上方を中心に発展した元禄文化は、庶民的なエネルギーの感じられる、とてもおもしろい文化です。井原西鶴《いはらさいかく》の『好色一代男《こうしょくいちだいおとこ》』、近松門左衛門《ちかまつもんざえもん》の『曾根崎心中《そねざきしんじゅう》』、松尾芭蕉《まつおばしょう》の『奥《おく》の細道《ほそみち》』などが作られたのもこの時代です。

この時代の文化の担い手は町人でした。それが、この時代の文化が、人間性のトータルな面をかなり噴出させることにつながったと思います。井原西鶴は、『好色一代男』や『好色一代女』では色事《いろごと》の世界を、『世間胸算用《せけんむねさんよう》』『日本永代蔵《にっぽんえいたいぐら》』などではお金の話を書いています。こういうことができたのも、町人文化ならではです。

実は、江戸時代の武士は、あれほど権力を持っていたにもかかわらず、文化活動においては中心的役割を担っていたとは言えません。

日本ならではの武士道が大成されたと言いますが、これは、それまでの武士の生活から生まれてきた習慣が朱子学に基づいて体系化されたものですし、武の境地といったものは、個人的なもの、いわば禅に近いものです。

だいたい、多くの日本人が持っている江戸時代の文化的イメージは、武士の世界ではなく、町人の世界です。その証拠に、人気のある時代劇で描かれるのは、『水戸黄門《みとこうもん》』にしても『遠山《とおやま》の金さん』にしても、『大岡越前《おおおかえちぜん》』にしても、みんな武士は出ていますが、中心となっているのは、庶民の暮らしです。

時代劇では、農民文化が描かれることは少なく、農民はひたすら貧乏で、苦労していたというイメージがありますが、実際はそれなりの楽しみも、いろいろとあったようです。

彼らは、町人文化ほどの華やかさはないものの、彼らなりの文化的な生活を楽しんでいました。

農村には、名主などを中心とした文化サークルが相当数あり、いろいろな書家や俳人がそういうところを拠点にして活動していたのです。

たとえば、新潟の良寛《りょうかん》の里と呼ばれているところへ行くと、当時、良寛を保護した三つの大家があったことがいろいろな資料と共に展示されています。史料を見ていると、そういった大家は、良寛だけではなく、江戸や上方からきた、さまざまな文化人もたびたびもてなしていたことがわかります。

特に俳句の世界は、そうした庶民のネットワーク、俳諧《はいかい》ネットワークみたいなものがあり、芭蕉などは、行く先々で歓迎してもらっています。

日本には、そうしたネットワークから生まれた「座の文化」というものがあります。これは同好の士が集まって、一座になって作品をどんどんつくっていくというものです。尾《お》形仂《がたつとむ》氏の『座の文学』という本がありますが、「座の文化」というのは世界的に見てもとても貴重なものです。

普通は、詩や歌といったものは、才能ある人が一人で作るものですが、連歌《れんが》や連句を作る「座」では、前の人のつくった上《かみ》の句に、次の人が下《しも》の句を付けるというようにして、みんなで作品を作りあげていきます。

芭蕉もこうした「座」にたびたび参加していますが、たとえば、最後に「暁《あかつき》」という一文字を付けたのを、会のお客さんの一人が気づき「あれはいいですね」と芭蕉に言いに行く。すると芭蕉も「ああ、わかってくれたの。あの一文字、いいでしょう」みたいな感じで話が弾《はず》んでいく。「あれは最初、暁じゃなくてこうやろうとしたのだけど、そうしたら前の句とかぶってしまうから考え直して、やっぱり暁だなって決めたの。やっぱりよかった？　じゃあ、会に遅れてしまったけど、その分、あの暁で取り戻せたかな」といった話をしたというのが文章で残っているのです。

つまりこれは、芭蕉がそういう細かい話ができるような友達が、全国に何人もいたというすごい話なのです。

このことからも、農村でも、少なくともお金と土地を持っていた裕福な名主クラスの農民たちは、とても高い文化水準にあったと考えられるのです。

黒船来襲をおもしろがるのんきな庶民

江戸時代の日本の状態を、最初に「鎖国」という言葉で表わしたのは、江戸後期の蘭学者、志筑忠雄《しづきただお》がその著書『鎖国論』で使ったのが最初です。彼は、ドイツ人医師ケンペルが、日本は国を閉ざした状態にあると言ったのを「鎖国」と訳したのです。

江戸時代の人々は、自分たちが「鎖国している」という意識は持っていませんでした。江戸時代の人にとっては、鎖国しているのが当たり前で、外国があるなんてことすら忘れかけていたのです。何しろ、黒船が来て開国するかどうかということになったとき、日本は国家開闢《かいびゃく》以来ずっと鎖国していたと思っていた人たちがいっぱいいたと言います。

こうした庶民の意識が、江戸時代ののんきさにつながっていたのでしょう。

幕末に黒船がやってきたときも、政府にとっては一大事なのに、庶民はぜんぜんお気楽で、物見遊山《ものみゆさん》気分の見物客が大勢浦賀《うらが》にやってきたと言います。

当時の川柳《せんりゅう》に「泰平《たいへい》の眠りを覚ます上喜撰《じょうきせん》、たった四杯《しはい》で夜も眠れず」というのがあります。これは、「上喜撰」というお茶「四杯」とペリーが連れてきた四隻の「蒸気船」

をかけているのですが、明らかに幕府の慌《あわ》てぶりを笑い飛ばしています。

これは、庶民が黒船や異人を大して怖がっていなかったということです。敵だ、殺されるかも知れないと思ったら見物には行きません。**庶民は怖がるどころか、久々の外からの刺激に興奮して、大喜びで見にいったのです。**あまりにも多くの人が集まったので、当時の浦賀には見物客を当てこんだ出店がいっぱい並んだと言います。

黒船というのは、日本からすればとても迷惑な話です。むこうは、捕鯨のための寄港地にしたいとか、水を補給したいとか、貿易をしたいとかいろいろ目的はあったかもしれませんが、日本は何も必要としていなかったのですから、ただ迷惑なだけです。

でも、不思議なことに、いまの日本人に「黒船」と言うと、迷惑なもの、嫌なものというイメージではなく、どこかワクワク感を伴うような刺激、「わーっ、ついにきちゃったよ」というような、求めていた物がきた、というイメージになっています。

日本人にとっての「黒船」は、それまでの平和を壊した恐ろしい存在というだけではなく、退屈な「泰平の眠り」から目覚めさせてくれた刺激的な出来事でもあったのです。

すごい！ 2

鎖国とエロ文化の発達
「すごすぎる日本人のリビドー」

性交力三流、妄想力一流の国

私は、日本人にはとてつもないエロパワーがあると思っています。

それは「すごすぎる、日本人のリビドー」と言いたくなるほどのパワーです。

突然ですが、いまの日本のAV業界を見ても一目瞭然です。そこはもはや、エロさえ超越しているとしか思えないようなバカ企画が満載です。

ソフトオンデマンドの大ヒット作となった『全裸運動会』から始まって、「そんなことしてどうする？　それはもうエロじゃないだろ」というところまでいってしまう。我慢大会的なものもあれば、もはや何がしたいのかわからないものもあります。

日本人は、変に細かいところにこだわるのが得意ですから、性的嗜好《しこう》も微妙な違いごとに異常なほどの細分化が行なわれているのです。

どこの国にもある程度スケベなヤツはいますが、これほど細かくエロが徹底して細分化され、しかもそれが商業としてこれほど成功しているというのは、世界広しといえども日本だけでしょう。ですから、外国人が見ると、みんなのけぞって驚きます。

それほど性産業が成功している日本ですが、先日、おもしろい調査結果が発表になっていました。

それは、性に関する世界的な比較調査の結果だったのですが、それによると、一年間にする性交回数の多い国は一位がギリシャ、二位がフランス、では日本はというと、最下位なのです。

アダルト産業がとてつもなく巨大化しているのに、実際の性交回数が少ないということは、日本人は性交せずに、妄想ばかりしているということです。

日本人は、性交力は極端に弱いが、妄想力だけは世界でもトップレベルにある。私は、このアンバランスが、日本をオナニー大国にしたのではないかと思っています。

そして、このオナニー大国日本の基礎を築いたのも、実は江戸時代だったのです。

江戸時代、「日本人はとてつもない巨根らしい」という噂が海外に流れました。

その原因を作ったのは、オランダ人が持ち帰った土産物《みやげ》の包み紙に使われていた「浮世絵」の春画《しゅんが》でした。あの部分が恥ずかしげもなく巨大化している春画を見て、「日本人のものはあんなにデカイのか!?」と、向こうの人たちがびっくりしたのも無理ありません。

ですから、外国人は、大きいペニスのことを「ウタマロ」と呼んでいて、日本人に会うと「おまえはウタマロか?」と、ものすごい期待の目で聞いたといいます。でも、実際は皆さんもご存じのとおりですから、「大違いでごめんなさい」と言うしかありません。

日本人のこの一種の情けなさというか、ギャップが、いまのオナニー大国日本につながっているのです。

日本人の男性性器は、世界的に見ると小さいと思います。小さくて、性的能力が弱い。でも、弱いからこそ、あんなに巨大で、しかも性能的にもすごいものだという妄想をしてしまったのだと思います。

こう言っては何ですが、妄想の産物のあんなアホ絵を大量に刷りまくった国は、日本以外にはありません。

単にスケベな民族は他にもいます。古代エジプト人などはかなりスケベで、そういう絵を壺に彫り込んだりしていますし、イタリアには艶笑話《えんしょう》ばかりつめ込んだ『デカメロン』のような本もあります。

世界中、どこの国だってスケベなのはスケベなのですが、日本のスケベはあまりにも常軌《じょうき》を逸《いっ》しています。

春画は極めて日本的な色彩で、ただでさえ「何この髪型？ 何この服？ 何これ？」といった感じがするのに、その格好で四十八手だとか、曲《きょく》取りだとか、変な工夫ばかりしているのです。

本当の力は弱いのに、変な工夫ばかりする。ピッチャーでたとえるなら、球は遅いのにコーナーを突く、いろんな球種が投げられるといったような、一風変わった技巧派です。

そういう文化ですから、外国人から見たらすごくおかしいのです。

そう考えると、浮世絵が海外に大量に流出した理由がよくわかります。あんな変なもの、他にはありませんから、とてもおもしろかったのです。

もちろん、浮世絵は春画ばかりではありません。

ゴッホが憧れたように、それは芸術と地続きですから、そのよさに感銘《かんめい》を受けた人もたくさんいました。ゴッホは「自分は芸術家ではなく、日本の浮世絵職人のような職人になりたい」と弟に手紙で書いています。

日本人は浮世絵を芸術作品として作っていたわけではありません。もともとは風俗画として江戸時代に成立したものです。商品として描いて、チームで版木《はんぎ》にして、刷って刷って刷りまくって売ったのですから、西洋の近代絵画とは、全然違うところにあります。当然、そこに描かれる内容も、需要に応《こた》えてやっているので、画家の心を描くという純粋な芸術活動ではありません。

それでも、浮世絵には、一つの線だけで勝負するという、ごまかしのきかない芸術性があります。美人画は、その一本の線で色っぽさを表わさなければいけないのです。それがウケなければ、商品として成立しないのですからそこは真剣勝負でした。

線の美しさだけでなく、歌川広重《うたがわひろしげ》（安藤広重）や葛飾北斎《かつしかほくさい》などは構図にも非常に卓越しています。北斎の富嶽《ふがく》三十六景には、手前に大きな波がワーッときて、その向こうに富士山があるという絶妙なもの（『神奈川沖浪裏《かながわおきなみうら》』）もあります。こうした浮世絵の優れた構図は、西洋絵画にも大きな影響を与えています。印象派《いんしょうは》の巨匠モネも浮世絵の大胆な構図を模倣《もほう》しています。

これも、浮世絵という商品をどれだけおもしろくするか工夫を重ねていった結果だと思います。大きさや締め切り、コストの問題で使える色数にも制限があったと思います。そうした多くの制約の中で、商売としてやっているからこそ、いろいろな工夫が生まれたのだと思います。

そして、こうした江戸時代の浮世絵業界の流れを、いまのアダルト業界も受け継いでいるのではないでしょうか。

「エロ」文化がリードした江戸文化

私は、浮世絵の世界に限らず、エロが江戸の文化をリードして、発達させたという面があったと思っています。

たとえば、俳諧と深い関係にある川柳には、かなりエロネタがあります。落語も艶話《つやばなし》という言い方をしますが、エロネタがたくさんあります。文学にも、まあ文学というと怒られそうですが、春本《しゅんぽん》と呼ばれる作品があります。

有名な『東海道中膝栗毛《ひざくりげ》』にもエロが入っています。あの主人公、弥次《やじ》さんと喜多《きた》さんは、実はホモセクシュアルな関係なのです。このことは、漫画家のしりあがり寿《ことぶき》さんが『弥次喜多 in DEEP』などの作品で扱っているのでご存じの方も多いと思いますが、十返舎一九《じつぺんしやいつく》の原作を読むと、本当にあまりにも明け透けで笑ってしまいます。

あの話は、役者だった喜多さんが、弥次さんとそういう仲になるところから始まります。実はこの役者だったというところが一つのポイントで、当時の役者さんには、そういった一面があったのです。

この二人、最初は駿府《すんぷ》にいたのですが、あまりに遊びすぎて、お金を使い果たして江戸に逃げてきます。そして、江戸でも遊びすぎて、今度は二人で東海道を旅をする。すごいのは、この二人はホモセクシュアルな関係でありながら、共に大の女好きでもあるということです。これは救いがたいです。当然、道中ははちゃめちゃです。

ちなみに、ホモセクシュアルというと、驚くかも知れませんが、実はその昔からあったものです。江戸時代でも、男同士の関係は「衆道《しゆどう》」と言って、わりと一般的に行なわれていたことです。

織田信長も森蘭丸《もりらんまる》との関係が有名ですし、武田信玄《たけだしんげん》の若い男の子好きも周知のことでした。武士に限らず、お寺などでも頻繁《ひんぱん》に行なわれていました。

上田秋成《うえだあきなり》の名作『雨月《うげつ》物語』の中には、「菊花の約《ちぎり》」という、説明するのもちょっと恥ずかしいタイトルの話もあります。

洋の東西にかかわらず、優れた芸術家にはホモセクシュアルの人が少なくありません。

エロのパワーというのは、そうした文化を生みだすほど強力なものなのです。

もしかしたら世界的にそうなのかも知れませんが、いまの日本でも、エロが文化を強力にリードしていることは確かです。

パソコンやIT技術など、さまざまな技術がこれほど発達、普及したのも、エロのパワーのおかげでしょう。

奇《く》しくもフロイトが言っていますが、突きあげてくるリビドーの力が最も人を動かすパワフルさを持っているのです。このリビドーの力はあまりにも大きすぎて、付き合い方を間違えると神経症になってしまうという話ですから、日本人は、頑張ってこのようなオナニー文化を隆盛させたことで、かなり神経症から免《まぬが》れていたのかもしれません。

何しろ日本人は、弥次さん、喜多さんのおかしさを見ても、一般の庶民ののんきさ、立ち直りの早さを見ても、前向きに明るく生きています。それはたぶん、性的抑圧がものすごく少なかったからなのだと思います。

江戸でエロが花開いた理由

江戸時代の人々の、性的抑圧が少なかったのは、さまざまな発散手段があったからです。

昔は、春画や枕絵《まくらえ》と呼ばれたその手の浮世絵は、男女一緒に見て興奮を高めていたのだろうと言われていましたが、最近では、あれは一人のもの、つまりオナニー用に使われていたという説が有力になっています。

いまでもエロビデオというのは、まあ、男女でも見るかもしれませんが、基本的には男同士で回され、男性が一人で見るものです。

実はここに、江戸で大量の浮世絵が刷られていた理由もあったのです。

なぜ、一人用の道具が必要だったのかというと、江戸というのは、男性が極端に多い町だったのです。時期によって多少の変動はあるのですが、だいたいその比率は七対三だったと言われています。

これほど男が多ければ、「一人用」の需要があって当然です。

もちろん当時は遊郭《ゆうかく》があったので、それが江戸の性的な需要に応える場所になっていたことは確かです。でも、遊郭に行くとなると、かなりのお金がかかります。日本人は、何事も細部を追求していくのが好きなので、遊郭にもいろいろなランク、いろいろなしきたりが設けられていました。

女の人の格付けもピンからキリまで作り、普通では絶対に手の届かない花魁《おいらん》という存在ができあがります。

落語に『紺屋高尾《こうやたかお》』という噺《はなし》がありますが、これは紺屋職人の青年と、一目見るだけで十両かかるという花魁、高尾の恋物語です。いくら花魁だからといって、一目見るのに十両もの大金がかかるなんて、異常としか言いようがありません。

でも、江戸はそういう文化を創りあげてしまったのです。そして、そういう文化が、落語や文学に反映され、さらに文化を生みだしていったのです。

そう考えると、江戸はたまたま女性が少なかったため、町人たちのたまりにたまったリビドーが噴出した結果、あのような文化を生みだしたとも言えるのです。

一方で、江戸時代は、女性のための「一人用」の道具もたくさんあったようです。

渡辺信一郎《わたなべしんいちろう》氏の『江戸の性愛術』（新潮選書）という本を見ると、その辺のことがとても詳しく書いてあります。

たとえば、女性用の一人道具「張形《はりがた》」が大奥をはじめ、大名の奥方、街の後家《ごけ》さんや、さまざまな女性に愛用されており、そういった道具が、かんざしやこうがい、化粧道具など女性の小間物を訪問販売する行商で扱われていたことなどが記されています。

他にも、女性たちがそれをどのように使っていたのか、当時の川柳なども合わせて紹介されており、とてもおもしろい本です。この本を読むと、江戸がどういうエロ文化を発達させていたのか。当時の女性たちが、その文化の中で、どれほど自由に性を謳歌《おうか》していたのかよくわかります。

すごい！3

いま、あらためて評価すべき「鎖国」の価値

江戸の人々が飛びついた「おもしろいもの」

鎖国の中で花開いた文化の中心は、間違いなく町人の文化でした。

しかし、大きく国を変えた明治維新には、武士の中で興った「国学」や「蘭学」が強く影響しています。

鎖国という閉ざされた状態の中でも、オランダなどを通して海外の情報は徐々に流入し、人々はわずかな機会を捉えて貪欲に吸収していきました。

その代表と言えるのが新井白石《あらいはくせき》の『西洋紀聞《きぶん》』でしょう。

これは、新井白石自らが切支丹《きりしたん》屋敷へ赴き、キリスト教布教のために来日し、幕府に捕

らえられていたイタリア人宣教師ジョバンニ・シドッチを審問した内容をまとめたものです。その内容は、諸外国の歴史や地理、風俗やキリスト教の大意など多岐にわたっていますが、新井白石の質問がすごく上手で、的確に聞きだしています。

この本は一七一五（正徳《しょうとく》五）年には完成していたのですが、鎖国中ということもあって公にすることが禁じられ、幕末まで一般に出回ることはありませんでした。

でも、それはあくまで表向きのこと。こんなおもしろいものを、刺激に飢えている江戸の人々が放っておくわけがありません。密かに写本として出回っていたようです。

このほかにも、日本で初めて、本格的に翻訳された西洋本『解体新書』。この翻訳がどのように行なわれたか、調べるとびっくりします。何しろ、当時は辞書がないのです。辞書がない状態で、文字を一つずつ解釈し、時には想像を交えながら、翻訳をしていくのですから、すごい。

この作業、最初は絵と文字を突き合わせ、そこから推測していき、体のいくつかの部分を特定することから始まったそうです。そして、ほんのいくつか、伝え聞いたオランダ語の単語と合わせて、言葉の意味を想像していったのです。

たとえば、「顔」と「突き出た部分」という語がわかったとすると、そこから「この言葉は、どうも顔にある突き出た部分を指しているらしいから、おそらくは鼻のことをいっているのだろう」といった具合です。

しかし、このように想像しやすいのはまれで、何日も一つも単語の意味が解読できないこともあったというのですから、壮絶です。何でそこまでエネルギーが続くんだ、と思うほどの意欲です。

鎖国でたまったパワーが明治維新を起こした

福沢諭吉が若いときに、大阪の蘭学塾「適塾《てきじゅく》」に通っていたことは有名ですが、彼の自伝を読むと、適塾での勉強も異様なほどのすごさを持っていたことがわかります。

まず、生徒は何十人もいるのに、辞書は二冊ぐらいしかない。たった二冊の辞書を塾生全員が使い回ししなければならないのです。辞書もありませんが、本も原本がない。仕方がないので、写本をする。写本のスピードをアップさせるために、他の塾生に本を読み上げてもらい、それを聞いて書き取っていくのです。

私たちは、耳で聞いただけでスペルを間違えずに書き取るなんて無理だと思いますが、福沢は、そんなのを間違えるやつはほとんどいませんと言い切っているのですから、すごいです。いま、英語でこれをやっても、ほとんどの人ができないのではないでしょうか。

私は、逆説的ではありますが、こうした勉強の仕方にも、鎖国パワーのようなものを感じます。少しずつ入ってくる海外の情報を徹底的に勉強する。そういう意欲がたまりたまって、明治維新のときに一気にバーンと加速したのではないでしょうか。

もしこれが徐々に緩やかに入ってきていたら、解禁されたときのようなパワーは生まれなかったと思います。

鎖国状態での二二〇年間、日本人が最も飢えていたのは、外からの刺激です。もっと刺激を与えろという感じで、人々は爛熟していた。明治になり、そこに一気に情報が流れ込んできたので、みんなが夢中になっていったのだと思います。

外からの刺激に夢中になったせいだと思いますが、明治時代は、日本独自のエロ文化は衰退しています。せいぜい与謝野晶子《よさのあきこ》が女性の思いを詠《うた》ったぐらいで、江戸時代と比べると、男性は大してエロ文化を高めていません。あの時代の男性は、政治経済で十分興奮できていたのでエロがなくてもリビドーが充分に昇華されていたということです。

そういう意味で、明治維新というのは、それまでためにためてきた鎖国パワーを、改革のパワーに変えて、一気に炸裂させたと言えると思います。逆説的ではありますが、鎖国が明治維新の推進力になったのです。

技術立国を支えた「ゆるさと細かさ」

日本人は、すごくゆるくて大らかな一面を持っていますが、同時にすごく細かいところにこだわっていることも事実です。

いまではほとんどの家庭にまで普及した「ウォシュレット」も、こうした日本人の細かさを見事に表わしている商品の一つです。あれには非常に細やかな心遣いが充ち満ちています。

おしりをきれいにするのにも、水流の強さやお湯の温度、ノズルの位置の調節ができます。最近のものは、パルスとか言って水の流れに強弱のリズムを付けることもできます。さらに、そうしたおしりを洗うための機能だけでなく、冬でも座ったときにヒヤッとしないようにと便座にヒーターが入っていたりもします。歌手のマドンナが、日本に来る最大の楽しみが暖かいウォシュレットだと言っていたのはおもしろかったです。

そもそも日本は、他の先進諸国と比べると、それほど寒くはありません。ロンドンやパリ、ニューヨークやシカゴの緯度の方が東京より高いので、温便座が開発されるのは、そちらの方が早くて当たり前の感じがするのですが、そうはならない。

これは日本人の体の弱さにも関係しているのだと思います。欧米人はもともと体が丈夫なので、少々暑かろうが寒かろうが平気なのです。便座が冷たくても、それがなんだ、という感じです。

でも日本人は弱い。ちょっと冷たいと「冷たーっ」と大騒ぎする。だからあのような繊細な心遣いの商品が開発されたのだと思います。

そもそも、おしりを毎回水で洗いたいなんていうきれい好きは、日本ならでは、という感じがします。日本人はとてもきれい好きで、最近では除菌グッズが大量に出回っていますが、これほど除菌好きなのも、世界では異例のことです。

これもおそらく、体の弱さと関係しているのでしょう。弱いから、日々清潔にして除菌していないと、すぐに病気になってしまう。

日本人は体が弱い。体が弱く精力も弱いから、より細かな部分へ突き進んでいく。日本の技術を見ていると、そんな気がします。

「かわいい」好きがアニメとゲームを生み出した

携帯電話や電子機器に使われるチップなど、日本人は小さいもの、精密なものを作る技術にとても秀でています。これは、日本人の小さなものを好む感性と関係しているのでしょう。

日本人は、小さいものを「かわいい」と言います。清少納言は『枕草子』の中で、「小さい上にかきたる稚児《ちご》の顔」を「うつくし」と表現しています。これは、赤ちゃんだけでも小さいのに、その小さいところに描かれている子どもの顔がとてもかわいいと言っているのです。

この日本人が愛し、多用する「かわいい」という言葉が、最近では国際用語になりつつあると言います。フランスでは、アニメやゲームといった日本文化の流入とともに「KAWAII」ブームが起きているといいます。

日本人にとって、何かを「かわいい」と思う気持ちは、生きるエネルギーになっていると言っても過言ではないほど大きいものです。

かく言う私も、自分の飼っている犬に向かって、一日に三〇回ぐらいは「かわいい」と言ってしまいます。

言いだすと止まらないのです。仕事柄、「ほかの言葉、語彙《ごい》はないのか。日本語としてもっとあるだろう」と、自分でも思うのですが、やはり「かわいい」以上にこの感情を的確に表現する言葉は見つかりません。そこでまた、「かわいい」と言ってしまう。

子どもに何かしてあげたい、子どもの喜ぶ顔が見たいということは、日本に限らず世界中で見られる感情ですが、日本人は、それがものすごく強いのです。強いから甘やかしすぎてしまう。

ですから、日本は、エディプス・コンプレックスが比較的生まれにくい国だと思います。

エディプス・コンプレックスというのは、要するにお母さんが欲しいということです。お母さんが欲しいから、お父さんが邪魔になる。だから父親を殺してしまいたい、という感情が無意識に生まれるという論理なのですが、日本人にはこの感情がわからないという人が実は多いのです。それが日本でフロイト熱がいま一つ高まらない理由にもなっています。

なぜ日本人にエディプス・コンプレックスがないのかというと、お父さんが「お母さんは子どものもの」としてしまって、争わないからなのです。これは江戸城と同じ無血開城です。最初から争いません。

子どもが生まれると、子どもとお母さんが一緒に寝て、夫婦は別々の寝室を使うというのは、日本ではよくある話ですが、欧米ではそんなことはしません。夫婦は必ず一緒の寝室を使い、子どもは小さいときから子ども部屋で寝かせます。

家庭での呼び方も、子どもが生まれると、親同士で「おかあさん」と「おとうさん」になります。この子ども中心の呼び方は、子どもが成長し巣立っても残るので、日本では、年を取った夫婦が「おとうさん」「おかあさん」と互いに呼び合っているのを見ても、違和感を感じません。

これはいいとか悪いということではなく、これが日本の実態だということです。

いまは、こうした「子どもかわいがり文化」が、産業として、世界に広がりつつあるのですが、もとの感性が違うのですから、このまま行ったら、欧米は「そんなに子どもを甘やかしてどうする」と怒るのではないかと、私は危惧しています。

それとも、このまま日本人の子どもかわいがり文化が、クールジャパンのように、世界に広まっていくのでしょうか。

鎖国が日本を「ムラ」化した

鎖国が行なわれるまで、日本にとって文化を外国から輸入するのは、当たり前のことでした。鎖国はそれを、一気に国内需要に任せてしまいました。

何百年も、外からの文化の流入、制度の輸入をしながらずっとやってきたのが、ここで国内の需要をすべて国産でまかなう体制に切り換えたのです。これは制度だけに限ったことではありません。文化も食料生産も何もかも、ほぼすべて国産でやりきったのです。

その結果、日本人の中に、日本人意識というか、日本的なアイデンティティの共有がなされたのだと思います。それは、悪く言えば「島国根性」なのですが、もう少しおおらかに言えば、この国全体が、一つの大きなムラなんだ、という感覚です。

日本には、そうした意識が、いまだに続いていると思います。

いま、そうした意識の共有に貢献しているのはテレビです。

私は以前、朝のワイドショーに出ていたことがあるのですが、そのときに、日本という国のテレビは噂話で成り立っているということを知りました。

何か一つの事件が起きると、日本中がその話題に一気に集中します。そしてワーワー騒ぐだけ騒ぐと、いっきに下火になるということの繰り返しです。

江戸時代は、テレビという媒体がなかったので、江戸の町やそれぞれの村だけで済んでいた噂話が、いまは日本中でなされているという感じがします。

それはまるで、水を張った大きなたらいのようです。一カ所でちゃぷんとさざ波が立つと、あっという間にそれが水面全部に広がって、全体が揺れる。でも、こうした構造が、日本人のある種の一体感、ムラ社会のような連帯感を日本にもたらしているのだと思います。

テレビのワイドショーで扱われるネタというのは、「あれ知ってる?」「ああ、知ってる知ってる」という共感をもたらしますが、冷静に見ると、全世界的には価値のない情報がほとんどです。これは週刊誌なども同じです。

そうしたものは、重要なものではありませんから、いかにおもしろいか、という視点だけで扱われています。ですから、低俗だけど、ある種パワーがあります。

最近の日本は個が優先され、みんながバラバラに、それぞれの趣味だけで、楽しむことが多くなっていますが、本当にそれだけになってしまったら、日本は解体してしまうかもしれません。

音楽の世界などは、こうしたパーソナル化が進み、みんなが知っている大ヒット曲というのが出なくなりました。私が子どもの頃は、それこそお年寄りから子どもまで、全員が歌えるヒット曲というのがありました。

いくらB'z（ビーズ）やミスターチルドレンが売れていると言っても、巣鴨《すがも》で買い物しているような高齢者は、その存在自体知りません。これは大きな違いです。

全員が歌える曲があったということは、昔は、歌謡曲が日本を束《たば》ねていたということです。いまは、歌謡曲にその力はなくなりましたが、代わって、テレビや週刊誌が、日々のくだらない、でもおもしろいネタを、まるで噂話をするように流すことで、日本人の心を束ねているのです。

いまだからこそ「一人鎖国」をしてみよう

鎖国を振り返ったとき、忘れてはいけないのが、二三〇年間の長きにわたり、日本には大きな戦争がまったく起きていないということです。

これは世界的に珍しいことだと思います。

日本もこれからグローバル化の時代と言われていますが、私は、鎖国ではないにしても、「日本だけは戦争しません。中でもしません。だから、ちょっとだけ世界から放っておいていただけませんか。一〇〇年か二〇〇年後にすごくおもしろいものをお見せしますから」ということができないものなのか、と考えたりします。

鎖国することによって内なるものを高め、同時に外に対する渇望も極限まで高める。そして、高まりきったところで一気に解禁してドーッと伸びていく。

さすがにもう国の制度としてこれはできないでしょうが、自分の個人の意識としてやる手はあるのではないかと思っています。

若い内に、何か自分独自のものを出したいと思ったとき、この方法はとても有効です。

一度、世の中の情報をすべて遮断《しゃだん》し、一人鎖国状態をつくって、取り組んでいるテーマに没入するのです。誰も自分の周りではやっていないようなことをひたすらやっていく。こうすると、そこから、誰も思いつかなかったような理論を立てられるようになっていく。こうして独自のものができていくという寸法です。

誰も手を付けないこと、誰も結び付けようとも思わないことをやっていって、自分独自の世界を作るのは、とても楽しいことです。

ワールドワイドのスタンダードというのではなく、自国内だけで通用するような、しかもピンポイントで、突きつめているようなものが、やがて何かはじけたときに、すごい市場価値を持つのではないでしょうか。

私は鎖国と開国を経験した日本の姿を見てきて、そう感じることがあります。

みんながアメリカや外にあるもののまねばかりしていたのでは、日本の価値はいつまで経っても上がらないでしょう。日本が成功するためには、やはり「日本ならでは」の部分をしつこいまでに追求し、掘り下げていくことが必要なのだと思います。

そして、そのためには、一人鎖国がとても良いと思うのですが、いかがでしょうか。

第7章

「殖《しょく》産《さん》興《こう》業《ぎょう》」と日本的資本主義

——なぜ日本は資本主義競争に勝ち残れたのか

すごい！ 1

日本人がアジアでいち早く資本主義化できた理由

「モノ」ではなく「システム」を輸入する

日本という国の歴史を世界史的に見たとき、これはスペシャルだなと思えることに、資本主義が非常にうまく根付いたということがあります。

まあ、どこの国もみんな自分の国が特別だと思いたいものなので、日本もここがすごい、ここが特徴的だ、他とはこう違う、ということをよく言いますが、必ずしも日本のすべてがスペシャルだということはありません。

しかし、どう控《ひか》えめに見ても、明治維新における日本の近代化、その中でもとりわけ資本主義への転換のうまさにはスペシャルなものがあります。

日本は、ついこの間まで、武士が闊歩《かっぽ》していたような、資本主義とは相容れない文化があったにもかかわらず、現在は典型的な資本主義国家になっています。これは、アジア諸国の多くが、資本主義をうまく機能させることができないでいたことと比べると、驚くべきことです。

日本が資本主義の導入に成功したのは、考えてみれば不思議なことです。明治維新のときの日本人は、精神性でいうと侍《さむらい》だったかもしれませんが、単純な人口比率から言うと、ほとんどが農民でした。商人ではなく農民が多かったのに、なぜこれほど素早く資本主義を根付かせることができたのでしょう。

商売がうまかったのでしょうか？

でも商売のうまさということだけで言えば、中国人の方が上手です。それに日本人を個々で見ると、決して商売上手という印象はありません。海外に行くと日本人は値引き交渉ができないので、よくだまされてしまいます。それなのになぜか、資本主義的なルールの下では、日本人のビジネスは非常に成功しています。

ですから、なぜ日本がこんなに成功したのかというのは、実は世界史の中でもちょっと不思議な事件なのです。

ヨーロッパで生まれた資本主義が、なぜ遠く離れた極東のこの島国で成功したのか。ここではその謎について考えてみたいと思います。

まず直接的な要因として考えられるのは、日本には「素直さ」というものがあったということです。

素直さというのはどういうものかというと、経済の大きなシステム自体を、まるごとそのまま輸入してしまったことです。

輸入というと、普通は品物を考えます。ところが、明治維新のときの日本人は、おもしろいことに、品物の輸入ではなく、システムそのものを輸入してしまったのです。

たとえば、議会制民主主義の導入を考えたとき、日本は、国のシステム全体を輸入しています。

政治システムの輸入においては、日本人はかつて律令国家を作るときに、中国の律令制度をそのまま持ってきたことがあったので慣れていました。つまり、実績があったのです。

律令制度のときにも、日本は丸ごと輸入しています。平城京や平安京といった都の造り方から、法律、政治、そして陰陽師《おんみようじ》のようなものまで、システムごと輸入しています。

素直というか、身も蓋《ふた》もないと言うか、「そこに誇りはないのか」と聞きたくなるほど、丸ごとそのままのかたちで持ってきているのです。

そこにあるのは、やはり素直さと言うべきなのでしょう。相手のシステムが良いものであるのなら、何のこだわりも抵抗もなく、全部取りいれるのですから。

日本人の素直さとシステム好き

日本人は、実はシステムの話がとても好きです。

サッカーでも、監督が代わると、すぐにシステムのことが話題になります。「フラット・スリーが」とか、「フォーバックとスリーバックを比べると」などと言いながら、システム論を戦わせ、居酒屋で盛りあがっているサッカー・ファンをよく見かけます。オタクの世界でも、ガンダムのファン、エヴァンゲリオンのファンといった人たちは、集まると必ずシステムとか世界観の話を始めます。その世界に詳しくないものにとっては、「どっちだっていいじゃないか」と思うようなことを、延々と語り合うのです。

さらに日本人は、システム好きのうえ、素直なのでちょっと強く言われると、すぐに信じてしまう傾向があります。特に、舶来ものには弱い傾向があり、「これがいいよ」と外国から言われると、すぐに飛びついてしまうのです。

歴史を見ても、古くは中国に弱くて、何もかも中国のものを取りいれていました。「いま、世界の大勢はこうらしいよ」と言われると、日本人はとても弱いのです。

こうした傾向はいまでも強く、日本で評価されなかったものでも、海外で評価され、逆輸入されるというケースはよくあります。

それでも、単に製品ではなく、システム全体で取りいれてしまうというところは、他の国にはない、日本の良さです。

そして、新しいものを取りいれたら、それまでのやり方に固執せず、「あっ、そう。今度はこうやるのね」と、素直に受けいれて何の躊躇《ちゆうちよ》もなくコロッと変えてしまう。

たとえば、明治になってすぐに貨幣の統一が行なわれるのですが、このときも「外国ではお金はみんな統一した名称になっているらしい」と聞くと、「じゃあ日本もそうしよう」と、すぐに「円」という単位で統一して、新しいお金を作っています。それまでの単位「両」ではなく、まったく新しい「円」にしているところが、日本人らしくておもしろいと思います。

いまあるものをなんとか改良して使おうなどということは、まったく考えていません。

何しろ、それまでの日本のお金は一両が四分、一分が四朱《しゅ》という四進法が用いられていたのに、円ではそれもスパッとやめて世界基準の十進法に改めているのです。

このように、日本人は「システム全体の根幹は何か」ということを見抜いて、スッと持ってきてしまうのがとても上手な民族なのです。

すごい！ 2

資本主義の根幹を見抜いた天才
――渋沢栄一《しぶさわえいいち》

日本に資本主義を確立した男

システム全体の根幹を見抜く、この能力に長《た》けていたのが、実業家であり、後に日本資本主義の父と呼ばれた渋沢栄一《しぶさわえいいち》でした。

彼はまさに天才でした。渋沢がいたおかげで、日本の資本主義は、はるか先に進むことができたと言えます。渋沢がやったことは多岐にわたりますが、端的に言うと「日本の資本主義制度を確立した」ということです。

彼の最初の偉業は、「銀行のない国はまずい」と言って、銀行を創ったことでした。

これは考えてみると、とてもすごいことです。

当時の日本は、江戸時代から明治時代になったとはいえ、国内の産業は、まだ江戸時代のままでした。まず、当面の問題は、工業と言えるものが育っていないことでした。

なぜ育たないのか。それは、資本がないからでした。

ヨーロッパを見ていた渋沢は、資本が集中しない原因が、日本に銀行が存在していないからだと見抜いていました。

銀行を創り、一度資本をある程度集中させ、そこからまとまった資本を、将来性のある工場や企業に融資していく。それによって企業が大きくなるとともに国力も大きくなっていく。こうした資本主義のシステムを、渋沢は起動させようとしたのです。

しかし、資本を銀行に集めると言っても、そのお金はどこから持ってくるのか。

方法は二つ考えられました。一つは国、つまり日銀が刷ってしまうという方法です。明治政府は円紙幣の発行をしていたので、お金は刷れば作りだすことができました。

もう一つは、人々が持っている細かいお金を、預金として集めるという方法です。

たとえば、一人では大きな工場をつくるだけの資本はないが、何百人、何千人分の細かな資本を集めれば、大きな工場を作れるだけの資本が集まる。これまで日本は、小さな資本でマニュファクチュア（工場制手工業）のような物作りをしてきたが、これからの時代はそんなちまちまとしたことをやっていたのではダメだ。個人でできないのならば、資本を集め、その資本を国の指導のもとに使い、官が大きな工場を作り、まず工業を盛んにさせる。そこで成功してから、民でも同じことができるようにしていけばいい。そうすれば、自然と資本主義につながっていくだろう。

こうした考えのもと、最初に生まれた官営工場が、富岡製糸場《とみおかせいしじょう》でした。

渋沢は、安易に紙幣を増刷することなく、銀行で人々の余っているわずかなお金を預かって、大きな資本とする道を選びました。

そして、資本を提供してくれた人々には、余力を利息として支払いながら、銀行は集めたお金を、官だけでなく、やる気と才能のある人たちに預けて、彼らが大きく起業できる環境を整えていったのです。

日本を近代化へ導いた「経済」の力

渋沢が生まれたのは一八四〇（天保《てんぽう》十一）年、大陸ではアヘン戦争が勃発し、日本では、きびしい飢饉と度重なる外国船の出没に世情が不安定になっていた頃です。

彼の生まれた家は藍《あい》や養蚕《ようさん》も手がける大農家でした。彼は幼い頃から父の仕事を助けることで、商売のイロハを身につけたと言われています。

その後、二一歳の時に江戸に出た彼は、勤王《きんのう》の志士たちと結び尊皇攘夷思想にかぶれます。しかし、たまたま知り合った一橋家の家臣、平岡円四郎《ひらおかえんしろう》の推薦により、一橋慶喜《ひとつばしよしのぶ》に仕えるようになります。この頃すでに独自の銀行的システムを試行しています。

そして、一橋慶喜の将軍就任により、彼も自動的に幕臣となっていきました。

彼のその後の運命を大きく変えたのは、パリで行なわれる万国博覧会に出席することになった慶喜の弟、徳川昭武《あきたけ》についてフランスを訪れたことでした。彼はここで西欧文明のすごさに圧倒されます。

彼がパリにいる間に、慶喜は大政奉還を行ない、帰国した彼は、大隈重信《おおくましげのぶ》の招きを受けて新政府が設立した大蔵省（現・財務省）に入省することとなります。

そこで彼が最初に着手したのが、欧米流の金融貨幣制度を導入するための第一国立銀行の創設でした。

銀行を立ち上げた後は、実業界に身を置いて、多くの企業の設立に尽力しています。八《や》幡《わた》製鐵所（現・新日本製鐵）、東京ガス、東京海上火災保険など、彼が設立に関わった企業の数は、優に五〇〇を超えると言われています。

福沢諭吉は、後に彼を「日本の経済近代化の最大功労者」と評していますが、まさにそのとおりでしょう。

日本が、明治・大正時代にあれほど国力をつけることができたのは、政治が超一流というよりも経済が強かったからです。

明治・大正時代は、文化もそれほど大きなものは成しえていません。日本が文化的に最も優れたものを残しているのは、平安時代と江戸時代です。

そうやって考えていくと、政治でも文化でもなく、近代日本を発展させたのは、やはり経済だということになります。ここで章の冒頭の話に戻りますが、日本人が得意なのは、「商売」ではなく「経済」だったのです。

どういうことかというと、商売というのは、単にものを仕入れて売って利益を上げるということですが、経済というのは、そういった商売が円滑に行なわれるようなシステムを作りだしていくことなのです。

ここでもう一つ、私たちが忘れてはいけないのは、渋沢は海外にあった銀行というものをシステムごと日本に持ち込んだけれど、それをそのまま動かしたのではなく、**あくまで**

[渋沢栄一が設立に関わった企業]

第一国立銀行（みずほ銀行）	札幌麦酒会社（サッポロビール）
抄紙《しょうし》会社（王子製紙）	東京石川島造船所（IHI）
大阪紡績会社（東洋紡績）	東京貯蓄銀行（りそな銀行）
日本郵船会社	北越鉄道会社（JR信越線）
東京瓦斯会社（東京ガス）	日本製糖会社（大日本明治製糖）
日本煉瓦《れんが》製造会社	東京電力会社
帝国ホテル	京阪電気鉄道会社

500を超える会社の設立に関わった後、晩年は社会事業に尽力した。

もそれは原型で、実際の運営には、日本の社会に合うよう、さまざまな工夫、つまりアレンジを加えて根付かせていったということです。

それは、技術的側面だけでなく、『論語と算盤《そろばん》』という著書のタイトルにもあるように、商人も武士道精神を持つべきという精神面にも表われています。

渋沢が目指していたのは、銀行をつくることによって、この国にいろいろな企業を生み出し、それを発展させることでした。事実、彼の作った銀行によって、明治期の日本では、まるで大地から草が次々と萌えだすように、企業が興っていったのです。

輸入したシステムをアレンジする日本人の能力

アレンジと言えば、鉄道などもそうです。鉄道は、列車と線路を持ってくれば、すぐできるというものではありません。

鉄道の敷設というのは、私たちが考えている以上に、大変な大事業です。鉄道は、近代国家の根幹です。鉄道という輸送機関があるだけで、都市が発生していきます。鉄道がなければ、物資を大量に輸送することができないので、町は発展できません。町が発展して都市にならなければ、国も活性化しません。

ヴォルフガング・シヴェルブシュという人の『鉄道旅行の歴史~19世紀における空間と時間の工業化』(法政大学出版局)という鉄道についての本がありますが、それを読むと、鉄道がいかに世界を大きく変えたか、鉄道がわれわれの世界の時間感覚、土地感覚、距離感覚、すべてを変えたのだということがよくわかります。

この時期の鉄道というのは、それほど画期的なことだったのです。

その画期的な鉄道を輸入するに当たっては、外国人の技術者が大勢きて助けてくれているのですが、実はそれだけではダメだったのです。つまり、彼らのやり方では、日本に鉄道を敷くことができなかったということです。

うまくいかなかった最大の要因は、鉄の不足でした。鉄道を敷くのに必要なだけの鉄が、日本にはなかったのです。

この問題を解決したのは、日本人の創意工夫でした。どうしたのかというと、西欧では鉄が用いられていた枕木に木を使うことにしたのです。私たちは「枕木」と呼んでいるので、最初から木を使うものだと思っていますが、あれは西洋では「sleeper」と言い、素材としては鉄が用いられていたのです。

それに木を用いたというのは、何でも木で作ってきた日本人ならではの発想です。木であれば、日本中どこでも資材として調達できます。

木と石で強度を出すための工夫の他にも、複雑な日本の地形にまっすぐな線路を敷くために、わざわざ海を埋め立てるなど、日本に鉄道が敷設されるまでには、日本人のさまざまな創意工夫が行なわれていたのです。

そうした日本人のアレンジ能力には、目を見張るものがあります。システムを導入するときに、ごく自然にものすごいアレンジを加えてしまう。それはたとえるなら、明太子《めんたいこ》スパゲティみたいなものです。イタリアンといいながら、日本の明太子を使う。その明太子も、もとを正せば「明卵漬（ミョンナッジョ）」という朝鮮からの輸入品なのですからすごいアレンジです。

喫茶店のナポリタン・スパゲティは、「ナポリ」と言いながら、ナポリに行っても食べられません。あれは日本人の考案です。

どこの国でもそうしたアレンジは行なわれてはいるのでしょうが、日本の場合はシステム全体をアレンジしてしまうというのが特徴であり、すごいところです。

自分の国のやり方がいいんだ、これには長い伝統があるんだと、かたくなに思っていたら、システムの全取り替えなんて絶対にできません。

それに、システムというのは、全取り替えしたとしても、よそのものを持ってきてそのまま使おうとしても、そのままのかたちでは決して根付かないのです。根付かせるためには、その国にあうようなアレンジが必要なのです。

ですから、素直にシステムを全取り替えして、そこに自然と創意工夫を加えていくという日本人の特性は、特筆に値するものと言えます。

前にも言いましたが、日本人は流されているようで、決して大局を見誤ってはいません。

幕末の日本人は、当初は「攘夷だ」「西洋がなんだ」と息巻いていますが、実際に西洋に赴《おもむ》き、その目で西洋の文化を見ると、コロッと思想を転換します。

サンフランシスコに行った日本人も、ロンドンに行った日本人も、パリに行った日本人も全員びっくりして、「こりゃあ敵《かな》うわけがない。素直にこのやり方を取りいれたほうがいい」と、全員がそう思って日本に戻ってきます。この、一人の例外もなく、「よし、取りいれよう」と思える素直さ、これはすごいことです。

さらにすごいのは、「こりゃあ敵うわけがない」と思ったにもかかわらず、少しも卑屈になることなく、「アレンジしてもっといいもの作ろうぜ」とやってしまう。このポジティブさは、まさに江戸時代の明るさ、立ち直りの早さを受け継いでいると言えるでしょう。

いまなお残る「植民地」

日本は、経済力を培《つちか》うことで、いち早く近代化に成功しました。

しかし、中国や他のアジア諸国、アフリカ、南アメリカの国々は、近代化が遅れました。アフリカや南アメリカに至っては、いまだに苦しい闘いを強いられています。こうした違いを生んだ最大の原因は、経済システムの近代化が遅れていることだと思います。システム自体を近代化させることができないと、激しい競争を強いられる世界経済の中では、どうしても、いいようにあしらわれてしまうからです。

欧米の経済のシステムは、資本主義です。資本主義はとても強力なので、ごく普通の商人的な商業では太刀打ちできません。一気に根こそぎ持っていかれてしまいます。

東南アジアのパイナップル農園やアフリカのコーヒー農園などを見ればわかりますが、近代化されたシステムを持たない国は、巨大企業のプランテーション（単一作物の大規模農園）にされてしまうのです。そのため作っても作っても作物は根こそぎ持っていかれ、そこで働いている人たちは、毎日バナナを見ていても自分たちは食べることができない、そんな植民地のような状態になってしまうのです。

現在、植民地というのは少なくなりましたが、実質的な植民地、欧米企業によって経済的植民地にされているところは、まだたくさんあるのです。

彼らは、いくら頑張って働いても、自立できません。なぜなら、個人では絶対に巨大な資本力には勝てないからです。彼らが自立するためには、経済の近代化が必要です。自前の資本主義で自国の企業を、先進国の巨大企業に対抗できるように育てなければなりません。それをしない限り、彼らは永久に貧しさから逃れられないのです。

これは渋沢個人の功績ではありませんが、資本主義が一個のシステムであって、そのシステム全体を導入することが必要だと気が付いたところが、日本が他のアジア諸国とは違う道を歩めた理由です。

西欧文明に触れたとき、多くの国は、そこにある「物」に目を奪われました。

しかし、日本は、その物の向こうに、目に見えないシステムの存在をはっきりと見ていました。たとえば、紙幣や銀行というのは目に見える物ですが、それらを機能させているのは物ではありません。いくら紙幣を刷っても、それだけでは意味がありません。銀行も、建物だけ造っても無駄です。

ですから、それらを機能させるシステムごと導入しなければダメだと、いち早く気づいたところが日本人のすごいところなのです。

そして、日本人が輸入した最大のシステムが、資本主義だったのです。

別に資本主義社会が最も素晴らしいというわけではありませんが、あの時点でそれができなければ、日本は確実に欧米列強の植民地にされていたでしょう。

植民地化されるというと、私たちは武力で占領されるようなイメージを持っていますが、実際には違います。

日本は軍備を整えることで欧米列強から国の独立を護ったと言われています。もちろん、軍備を充実させることも、いざというときのために必要ではあったのですが、**実際に欧米の植民地化を防ぐ防波堤となったのは、日本資本主義の発達だったのです。**

いま、日本は植民地化の危機にある

最近では、日本の中にいろいろな外資ファンドが流入し、三角合併が解禁されるなど、金融市場のグローバル化が進んでいます。そして、それに対抗するにはどうすればいいかといったことがさかんに言われているのは、そこに経済的に植民地化されるかもしれないという危機感があるからです。

そういう危険を作りだしてしまったのは、日本の資本主義がここのところ自助努力をサボっていたからです。

その最大の要因は、銀行が機能していないことではないでしょうか。

ここ二〇年間に、日本の銀行がやってきたことを肯定的に捉える人はほとんどいないでしょう。銀行のふがいなさは、長銀（日本長期信用銀行）の破綻《はたん》が如実に物語っています。

バブル期の放漫経営のあげく、大量の不良債権を抱え、そのツケを公的資金投入というかたちで国民に押しつけたにもかかわらず、最終的には破綻。総額七兆九〇〇〇億円もの公的資金を飲み込んだ長銀を、国はわずか一〇億円で、アメリカの企業再生ファンド・リップルウッドを中心とする投資組合「ニューLTCBパートナーズ」に売却してしまいました。そうしてできたのが現在の「新生銀行」です。

国民からすれば「何が新生だ！　ふざけるな」という値段です。

一〇億円なんて、ヘタをすれば個人でも買える値段です。だいたい一戸建ての家の値段が五〇〇〇万円だとすれば、二〇人も集まれば買えてしまうのです。少なくとも日本を代表する銀行の売値ではありません。

銀行は資本主義の一つの象徴です。そこでそんなバカげたことが起きてしまったのですから、情けない話です。渋沢栄一が、あの世でさぞ嘆いていることでしょう。

いまの銀行は、利息を払わないというのも大問題ですが、ちゃんとした商売をしている企業にお金を貸さなくなってしまったというのが、もっと大きな問題です。中小企業にも、あまり貸さない。雨が降っているときに傘を貸さないで、晴れているときに傘を貸すと言われるぐらい、もうお金は要らないというところに貸し付ける、ということをしているのです。

銀行も、渋沢の理念が生きていた頃は、有望な起業家を育てるための努力をしていました。土地を担保にしないとか、経営が軌道に乗るまでは金利を低くするとか。そういう援助をして、その企業が大きく育ったら、利子を引き上げ、かなりの比率で返済してもらい帳尻を合わせる。こうした工夫を、一人ひとりの銀行員が経営感覚を持って行なっていたのです。

これが銀行の本来の姿なのに、いまの銀行はそれを忘れています。

バブルのときに、土地があるからというだけで経営面を見もしないで湯水のように貸し付け、結局それを焦げつかせて不良債権をつくっておきながら、それを税金で払わせる。しかも、税金までつぎ込んでいるのに、銀行員たちは、臆面もなく「自分たちのボーナスは返しません」と言う。そんな銀行員の姿からは、もはや経営感覚は微塵《みじん》も感じられません。

また、現在のグローバリズムも問題を抱えています。経済のグローバル化といったとき、日本はこれだけの国になったのですから、アメリカに有利なようにだけ変えていく必要は、本当ならもうないのです。彼らは自分に有利なものをすべて「これがワールドスタンダードだ」「これが経済のグローバル化だ」といって押し付けているのですから、不利なものまで全部受けいれる必要はないのです。日本は日本のルールを持って臨《のぞ》むべきでしょう。

ある程度侵食されにくいルール、そこに何か和風のアレンジを効かせた法律のつくり方が考えられるはずです。全部が全部、相手の言うがまま、欧米に都合のいいシステムにしてしまったのでは、いずれ日本は立ちゆかなくなります。

明治期は「もっといいものを作ってやる」という気概が、システムのアレンジにつながっていました。いまは、そうした日本に必要なシステムのアレンジがなされていないのです。アレンジされていないどころか、相手の言いなりです。いま、日本には、資本主義を育てるという観点が欠けているのが最大の問題ではないでしょうか。

すごい！ 3

「殖産興業」はなぜうまくいったのか

日本に合っていた官から民への流れ

話を明治に戻しましょう。

この時期、富岡製糸場に代表されるような殖産興業《しょくさんこうぎょう》が、非常にうまくいったのも、特筆すべきことです。

明治における近代産業の導入と育成は、官、つまり政府主導のもとに行なわれていました。

いまは資本主義というと民間が中心なので、民間にやらせてもよかったのではないか、と思われるかも知れませんが、それではダメだったのです。民主導では世界に太刀打ちで

[明治時代の官営事業（一部）]

東京砲兵工廠《こうしょう》	板橋火薬製造所
横須賀海軍工廠	大阪砲兵工廠
長崎造船所	深川セメント製造所
鹿児島造船所	品川硝子製造所
三池鉱山	千住製絨所《せいじゅうしょ》
堺紡績所	富岡製糸場
（八幡）製鐵所	広島紡績所

1880年代に官営工場の多くが、民間の政商等に払い下げられた。

きなかったからです。

この時期に行なわれた近代産業の移植は、言うなれば、ヨーロッパ諸国が産業革命以降、一〇〇年かけて行なってきたことを、一〇年で成し遂げようとするようなものです。

そのためには、情報も資本も人材も、時には権力も必要でした。

そうした状況では、いくら民間が頑張っても、民の力だけではどうしてもスピードが間に合いません。

だから、国費という資本が使え、外国とのコネクションを持ち、情報に通じている官が、留学させた人材をすべて投入して、国営の工場を作ってしまおう、それがいちばん早い、ということになったのです。それが「殖産興業」です。

これは、永遠に国がやろうというものではありません。国が先頭に立って、何年か思い切ってやり、うまくいきだしたら、次は民に払い下げて民間にやってもらおう、というプランが最初からあったのです。

ですから、工場の多くは、最初は国営です。

日本は、この国営から民間への移行もとても上手に、また思いきりよく行なっています。これも、明治政府だったからできたので、江戸幕府では難しかったと思います。江戸幕府も幕末になって産業の移入というか、工業の移入を手がけていますが、いま一つうまくいっていません。

それでも、あの時期に幕府が「造船所」と、製鉄のための「反射炉《はんしゃろ》」を造っているのは、評価すべきでしょう。製品である船を輸入するのではなく、船を造る造船所と、その船を造る材料である鉄を作るための製鉄所から造ろうと考えたのは、システム好きの日本人ならではでしょう。

このときの造船所は、明治維新を経て新政府に受け継がれ、横須賀《よこすか》造船所として明治の海軍力を支えることとなります。そして、実はいまも、在日米軍横須賀海軍施設として使われているのです。

製鉄も、日本は鉄鉱石が採れないのに、製鉄所を造ろうと考えたところがすごいと思います。原材料は輸入すればいい。原材料の有無にこだわらず、製鉄のシステムにこだわったのです。

しかも製鉄に関して言えば、現在世界最大の溶鉱炉というのは、日本にあるのです。「もっといいものを作ってやる」という日本人の心意気が、ここにも感じられます。

造船と製鉄は、その後も、日本を代表する産業として発展していきますが、その根源も、やはりシステムの輸入にあったのです。

造船にしても製鉄にしても、製品でも原材料でもなく、システムに目を付けるというところが、実はすごいことなのです。船が欲しい、鉄が欲しいというときに、製品を買う方が早く手に入るので、焦って買ってしまいたくなるのですが、そうすると永久に買いつづけなければならなくなってしまいます。

大本のシステムを輸入するというのは、その時点では遠回りのように感じられますが、長い目で見ると、それこそが大きな力の源になっていく最も賢い方法なのです。

女工さんが支えた殖産興業

産業の近代化に失敗し、経済的に植民地化されたという意味で、最もひどいケースはインドでしょう。

インドは綿花《めんか》をつくらされ、しかもその綿花から作った製品を買わされていました。インドの独立運動の際、ガンジーはクルクル糸車を回していましたが、あれは、「もう買わされるのはやめよう。自分たちも作ることができるよ」というメッセージだったのです。

原材料を作っているのですから、それを加工する技術とシステムを導入すれば、高い製品を売りつけられなくても済むのです。

綿花を着物にするシステムを導入すればいいだけなのに、インドにはそれができなかった。古いものがあるからいいじゃないか、という考え方は、インド人のメンタリティに合っているのかも知れませんが、それではいつまで経っても搾取《さくしゅ》されつづけるだけです。

日本人は、そんなことはまったく考えませんでした。過去の物に対するこだわりのなさは、本当に見事としか言いようがありません。外国のシステムを全部持ってきて、「富岡製糸場いいじゃん。女工を多少泣かしたって、仕方ないよね。昼も夜も働いてもらおうよ」とでも言うような、思いっきりのよさ、割りきった考え方がそこには見て取れます。だからこそ、日本は、あの時期生糸《きいと》の輸出であっという間に世界一位に登りつめてしまうのです。

製糸産業で日本が一位になったというと、多くの人は、「ああ、日本は昔から生糸を生産していたからね」と思うのですが、大昔から生糸を作っていたと言っても、それを大量に生産するシステムは、この時期にできたばかりのものなのです。

もちろん、日本が世界一になった陰には、過酷な労働環境の中で、それを支えた女工哀史がありました。『あ、野麦峠《のむぎとうげ》』の世界です。

そういう人たちの労働力、真面目さが日本の殖産興業を支えていたのですから、個人を見れば、確かに切ないこともたくさんあります。

でも、その生糸のおかげで日本が盛んになったのですから、やはり日本全体で見れば大きな恩恵があったのです。

しかし、もしあそこで、ずっと蚕《かいこ》だけを飼って、生糸を輸出しているだけだったら、日本もダメになっていたかも知れません。日本は、生糸を輸出すると同時に、生糸から大量の製品を作るシステムと技術も導入していたので、経済大国になることができたのです。

日本の経済を裏で支えた職人の力

鉄砲が種子島《たねがしま》に伝来したとき、日本人は、あっという間に国産品をつくるようになっています。そして、国産品を作るようになると、すぐに本家のヨーロッパ製のものより性能のよいものを作ってしまいました。やはり日本人は、アレンジが上手なのでしょう。

鉄砲の導入も、驚くべき早さで行なわれています。

秀吉が朝鮮出兵をした頃の日本は、世界で最も多くの鉄砲を保有していたと言われています。種子島に鉄砲が伝来したのが一五四三（天文《てんぶん》十二）年、秀吉の朝鮮出兵が一五九二（文禄《ぶんろく》元）年ですから、その間わずか四九年です。それで世界一になってしまうのですから、これはすごいとしか言いようがありません。

日本の技術は「猿まね」とよく言われますが、猿にはこれだけのアレンジはできません。やはり、アレンジをして、よりよいものを作りだしてしまうところが、日本の技術的特徴だと思います。

そうした日本のアレンジ力、技術力を支えてきたのは、職人です。
システムと職人というと、対極にあるようですが、日本はこの二本の柱によって支えられてきたのです。

製鉄にしても、日本は西洋の製鉄技術をシステムごと輸入し、それを巨大な産業に高めましたが、同時に、日本に伝わる昔ながらの製鉄技術、たたら製鉄も継承していました。たたら製鉄で作られる鉄は、世界最高純度の鉄です。世界屈指の名刀である日本刀は、たたら製鉄によって作られる玉鋼《たまはがね》からしか作ることができません。

このたたら製鉄の技術は、これまでに二度失われかけています。一度目は、西洋製鉄技術が日本に根付いた大正期、二度目は刀剣の製造がＧＨＱによって禁止された占領下。しかし、それでも日本刀の職人たちは、ぎりぎりのところで守ってきました。

江戸の浮世絵職人の技術も、前述したようにゴッホが「日本の浮世絵職人になりたい」と言ったくらい、目を見張る水準にありました。

携帯電話のリチウムイオン電池ケースや刺しても痛くない注射針を開発し、ＮＡＳＡもその技術力に注目するという、東京下町の岡野《おかの》工業はあまりにも有名ですが、日本には、他にも世界中からオファーがくるような技術をもつ小さな町工場がたくさんあります。

システムという大局を見る力と、精緻な技術力、二通りの力を併せ持っているところが、日本の強みだと私は思います。

第8章

「占領」と戦後日本

――採点！　ＧＨＱの占領政策

すごい！ 1

GHQの圧倒的な仕事力

「GHQ＝ほぼアメリカ」の謎

いまから何百年か後、日本の歴史を振り返ったとき、大きな出来事として記録されているのは、おそらく太平洋戦争後の「占領」だと思います。

なにしろ、日本はこれまでの長い歴史を振り返っても、このときをのぞけば一度も占領されたことはないのです。

しかし、なぜ日本は戦争に至ったか、あの戦争はどのような意味をもっていたのか、そうした分析はたくさんなされていますが、「占領」というものがどういうものであり、その後の日本にどのような影響を及ぼしたのか、ということについてはあまり語られていません。

では、ここで問題です。

日本が占領されていたのは、いつからいつまででしょう？

答えは、一九四五（昭和二十）年から一九五二（昭和二十七）年までの七年間です。正確には、一九四五年九月二日の降伏文書調印から、一九五二年四月二十八日の講和条約発効までです。

ここではっきりと意識してほしいのは、占領が敗戦直後だけではなく、七年間も続いたということです。

その間、日本を統治したのは、「連合国軍最高司令官総司令部」でした。

私たちは通常「ＧＨＱ」と言いますが、これだけだと単に「総司令部」という意味になってしまうので、正式略称というのも変ですが、正しくは「ＧＨＱ／ＳＣＡＰ」と略すのだそうです。これは、連合国軍最高司令官総司令部の英語名「General Headquarters/Supreme Commander for the Allied Powers」の頭文字をとったものです。

でも、正式名称も、正式略称も長いので、本書では、やはり耳慣れた「ＧＨＱ」を使うことにします。

占領について考える上で、まず私たちは、ＧＨＱがいったい何をしたのか、ということを知っておかなければなりません。現在の私たちの生活は、占領下の方針と密接に関わっている部分も多いので、ここをおさえるのは日本史としては基本です。

しかし、具体的な占領政策について述べる前に、明らかにしておかなければならないことが一つあります。

それは、「連合国」軍最高司令官総司令部なのに、なぜアメリカ一国による支配だったのか、ということです。

日本が戦った相手は連合国軍であって、アメリカ一国ではありません。

占領政策に関しても、占領政策決定の最高機関である「極東委員会」は、アメリカ、イギリス、中国、ソ連、オーストラリア、オランダ、フランス、インド、カナダ、ニュージーランド、フィリピン、後にビルマ、パキスタンも加わった、一三カ国から構成されていました。

戦争で日本と敵対していたいろいろな国が、みんなで占領統治をしようというのならわかるのですが、実際にはアメリカの単独統治です。なぜそうなってしまったのでしょう。

ＧＨＱの仕事が速かった理由

日本の占領政策を決定する上での最高機関は連合国全体で構成される「極東委員会」でしたが、極東委員会が実際に動き出したのは、占領開始からすでに半年が過ぎた一九四六（昭和二十一）年二月二十六日になってからでした。

実は、この半年の間に、ＧＨＱは重要な改革のほとんどを実行に移してしまっていたのです。そのため、極東委員会は、無力化した名目上の最高機関になってしまいました。

でもこれは、極東委員会の動きが遅いのではなく、ＧＨＱの動きが速すぎるのです。

この間のＧＨＱの仕事の速さには、驚くべきものがあります。

占領当初の動きを267ページの表にまとめました。

なんともめまぐるしいほどのスピードで、ものごとが進んでいます。

ここでおもしろいのは、九月二十二日に、アメリカ政府の方針「降伏後における米国の初期の対日方針」が伝えられるのですが、それより前に、東條英機《とうじょうひでき》ら三九人のＡ級戦犯容疑者の逮捕が行なわれているということです。しかも、ＧＨＱの正式発足は十月二日付ですから、このときはまだGHQは正式には発足すらしていないのです。

また、十一月一日に、「日本占領及び管理のための連合国軍最高司令官に対する降伏後における初期の基本的指令」がマッカーサーに与えられ、そこに日本の軍事占領の基本目的、政治的・行政的改組《かいそ》、非軍事化、経済的非武装化、賠償方針、財政金融方針などについての、詳細な方針が記されていたと教科書には書いてあるのですが、実際には、マッカーサーは、この指令書を受ける前に、幣原《しではら》首相に五大改革についての指令を出しています。

これは、正式な書類の到着を待たずして、マッカーサーが動いていたということです。アメリカ政府が「初期の対日方針」を出したのは、九月二十二日ですから、日本が降伏を表明してからわずか一月後です。それだけでも充分すぎる早さなのに、マッカーサーはそれ以前から動いているのですから、これはもう、日本の降伏以前から、アメリカの方針も占領に関する基本方針も、ほとんど決まっていたとしか考えられません。

憲法草案にしても、わずか一〇日でできあがるなど、異様な早さです。おそらくこれも、民政局に草案づくりを命じたというのはポーズで、実際にはマッカーサーがもともと草案を持っていたと考えた方が自然ではないでしょうか。

[年表] 第二次世界大戦末期から占領初期にかけての動き

年代	月日	出来事
1945	8/6	広島原爆投下
(昭和20)	8/8	ソ連、日本に宣戦布告
	8/9	長崎原爆投下
	8/15	日本無条件降伏、終戦
	8/16	スターリン、ソ連による北海道北部の占領を正式提案するも、トルーマンこれを拒否
	8/17	東久邇《ひがしくにの》宮《みや》内閣発足
	8/28	連合軍先遣隊厚木《あつぎ》に到着、横浜《よこはま》にGHQを設置
	8/30	マッカーサー厚木に着任
	9/2	降伏文書調印（占領開始）
	9/11	A級戦犯容疑者の逮捕
	9/15	GHQ、東京日比谷《ひびや》の第一生命ビルに移転
	9/22	「米国の初期の対日方針」がGHQに伝えられる
	9/27	天皇、マッカーサーを訪問
	10/2	GHQ正式発足、執務開始
	10/5	GHQ指令を実行不可能として東久邇宮内閣総辞職
	10/9	幣原《しではら》内閣発足
	10/11	マッカーサー、幣原首相に民主化に関する五大改革を指令
	11/6	GHQ、財閥解体指令
	12/9	GHQ、農地改革に関する覚書を発表
	12/17	婦人参政権、大選挙区制などを規定
	12/22	労働組合法発布
1946	1/1	天皇、人間宣言
(昭和21)	1/4	GHQ、軍国主義者らの公職追放を指令
	2/3	マッカーサー、GHQ民政局に憲法草案の作成を指令
	2/13	GHQ、憲法草案（マッカーサー草案）を日本政府に手交
	2/17	金融緊急措置令、新円発行

いずれにしても、これほど素早く動けたということは、**アメリカは、自分たちが勝つとわかっていたということです。わかっていて、ほとんど全部準備していたのです。**日本をどうするかという話し合いを、アメリカはかなり前から国内で延々としてきていたのでしょう。

一発勝負の日本、リーグ戦のアメリカ

アメリカの文化人類学者、ルース・ベネディクトの書いた『菊と刀』は、日本文化について詳しく述べたとても優れた論文です。これが出版されたのは、終戦直後の一九四六年。この本は、ベネディクトが戦時中に日本に関する文献の熟読と日系移民との交流を通じて行なった調査研究をもとに書かれています。

『菊と刀』を読むと、日本にきたこともない一人の学者が、よくぞここまで細かく、日本人とはこういうものだから、こうさせたほうがいいということまで分析しているものだ、と驚かされます。これには、悪いことばかりが書かれているわけではなく、むしろ日本人のルールを守るよさとか、そういったことも含めたうえで、日本に対しての統治のやり方

などが分析されています。

こうした研究が戦時中になされていたということは、アメリカは、戦争に勝つだけではなく、勝ったあとどうするのかもすでに考え、準備していたということです。

言うなれば、日本人が、一発勝負、負けたらそこで終わりという甲子園のような気持ちで戦っていたのに対し、アメリカは、最初に負けても最後に勝てばいいという、プロのリーグ戦のような感覚で、じっくりと相手を観察し、最後の決勝まで視野に入れた戦いをしていたということです。

何しろ、日本軍は、一度もアメリカ本土まで行っていませんが、アメリカ軍は日本本土を何度も攻撃しています。さらに、単に攻撃するだけでなく、戦後のことまで見越して、日本を研究し、統治する方法を考えていたのです。

連合国の中でも、日本攻略という面においては、アメリカが最もリードしていました。

実質的にも日本を敗戦に追い込んだのがアメリカであることは、明らかでした。

B29の絨毯《じゅうたん》爆撃、そして何よりも決定打となったのは、広島と長崎に落とされた二発の原子爆弾です。

実は、この原子爆弾の投下こそが、実質アメリカ一国による占領になったことと、深く関係しています。

近年、原爆はなぜ落とされたのかということについてさまざまな研究がなされ、あの時期に二つの原爆を落としたアメリカ政府の思惑が徐々に明らかにされてきています。

カリフォルニア大学の教授であるロナルド・タカキ氏の『アメリカはなぜ日本に原爆を投下したのか』（草思社）や、中国近現代史研究家である鳥居民《とりいたみ》氏の『原爆を投下するまで日本を降伏させるな——トルーマンとバーンズの陰謀』（草思社）という本は、トルーマンが明確な意志のもと計画的に原爆を用いたことを、綿密な史料研究のもと展開しています。

そこにあったのは、日本がいずれ降伏することは間違いないが、あまり早く降伏されてしまうと、せっかく開発したアメリカの原爆が試せない。さらに、原爆を使って決定的な力を世界に見せつけることができれば、その後のソビエトの台頭を抑えきることができる、というアメリカの思惑でした。

つまり、見せしめと力の誇示のため、トルーマンは原爆を日本に落としたかったのです。はっきり言えば、原爆を投下するまで、日本に降伏をさせてはいけなかったのです。

アメリカが対日本戦で決定打を打てれば、その後の戦後処理もアメリカ主導で動かすことができる。日本をアメリカの支配下に置ければ、対ソビエトへの布石ともなる。

ですからアメリカは、なんとしてもソ連が参戦してくる前に原爆を落としたかったのです。

原爆投下は、日本人にとってこれ以上悲惨なことはない出来事でしたが、それは原爆が政治的に利用された結果だったのです。

日本に来たマッカーサーの肩書きは、一応「連合国」の最高司令官であり、GHQはマッカーサーを支える「連合国軍」の総司令部ですが、その実態は、アメリカ太平洋陸軍司令官とその部隊の構成員をそのまま充てたものでした。

アメリカはすべて見通し、計画を立て、戦後処理の筋書きも作ってあったのです。だからこそGHQはあれほど迅速に、占領政策を進めているのです。

はっきり言えば、何も原爆を落とさなくても、日本は降伏していたのです。事実、原爆の投下、ソ連の参戦、米軍の本土上陸作戦の計画がなくても、一九四五年十一月一日までに日本は無条件降伏していただろうという内容の報告が、一九四六年七月に米戦略爆撃調査団からトルーマン大統領に提出されています。

ニュルンベルク裁判と東京裁判では、初めて人道に対する罪、平和に対する罪が問われました。であれば、アメリカの原爆もその罪を問われるべきだったのではないでしょうか。人道に対しての罪は、勝ったら問われないのでしょうか？

日本は中国にひどいことをしたとよく言われます。言い訳や弁護をするつもりはありませんが、その罪を問うならば、アメリカが行なった、一瞬にして二〇万人以上の非戦闘民を殺した原爆投下の罪も、問われるべきなのではないでしょうか。

戦争というのは、いつの世も勝てば官軍です。日本人は持ち前のあきらめのよさで「仕方ない、負けたんだし」と思っていままで流してきましたが、それでいいのでしょうか。戦時下において、日本人のやったことが本当に罪であるならば、原爆も同様に罪だったということが認められるべきだと私は思います。

アメリカは、前々からきっちりとストーリーを作っていたのです。そのストーリーには、原爆投下という終戦の仕方はもちろん、占領に関することも、それ以降の対ソ連政策もすべて描かれていました。

だからこそ、ほかの国が何も手を出せないうちに、わずか半年ぐらいの間に必要なことをすべて行なうことができたのです。

すごい！2

「間接統治」という妙手

重要なことは口で言う

先ほど「占領」が始まったのは、一九四五年九月二日の降伏文書調印からと述べましたが、実際には一九四五年八月三十日、午後二時にマッカーサーが厚木基地に着いたときから始まっています。

アメリカがとったやり方で、とてもおもしろいのは、直接統治ではなく「間接統治」をしたということです。直接統治というのは、たとえば、アメリカが占領したら、アメリカの官僚組織などを持ち込んで全部やってしまうということですが、GHQは、日本の組織はすべて生かしたまま、命令だけ出して、あとは日本に決めさせるという統治の仕方をしています。こうした既存の組織を維持して、自分たちの命令の下、実務をさせるというのが間接統治です。

さらに、マッカーサーのやり方で特筆すべきなのは、重要なことほどほとんど口で言って、書類を残さなかったということです。

一九四五年十月十一日にマッカーサーは、幣原《しではら》喜重郎《きじゅうろう》首相に対し、民主化に関する「五大改革指令」を出しています。

これは、①憲法の自由主義化と婦人参政権の付与、②労働組合の結成奨励、③教育制度の改革、④秘密警察などの廃止、⑤経済の民主化、という五つの改革指令で、とても重要なものです。

非常に重要であるにもかかわらず、マッカーサーは、これを口頭で言うだけで、文書で渡していません。

私たちは、重要なものほど、間違えないように文書にしなければと思います。しかしマッカーサーは、あえて口頭で伝えているのです。聞き間違えたらどうするつもりだったのかと思ってしまいますが、文書で指令を出さないことには、何らかのメリットがあったのでしょう。

はっきりとしたことはわかりませんが、おそらく、その一つは、**日本を民主化するにあたり、あくまでも日本人が主体となって、一つひとつ手続きを踏んで民主化していった、というスタイルにしたかったからだ**と思われます。

誰だって自国の制度を勝手に取り替えられれば、国が奪われたと感じ、憎しみを抱きます。つまり、もしアメリカの指令が文書で残っていたら、「なんだアメリカの言いなりになっただけじゃないか」という反発心、敵対心が日本人に生まれることになりかねないということです。アメリカは、それを危惧し、口頭での指令にしたのでしょう。

日露戦争に勝ってしまったがゆえの「勘違い」

軍事力で勝《まさ》れば、戦争に勝つことはできます。しかし、戦争において最も重要で、なおかつ最も難しいのはその後の戦後処理です。

アメリカの占領を考えるためにも、ちょっと横道に入ることになりますが、日露戦争で勝利した後の日本の行動を、ここで振り返っておきたいと思います。

結論から言えば、私は、日露戦争に勝利した後、日本にはもっと違う選択肢があったのではないか、と考えています。

日露戦争が勃発したのは、一九〇四（明治三十七）年二月六日、日本が西欧列強に追いつこうと、必死で近代国家の建設に急いでいたさなかのことです。

当初、三国干渉によって、日清戦争の勝利で得た遼東《りようとう》半島を手放さざるを得なくなった日本において、国内ではロシアとの戦争も辞せず、という気運が高まっていました。しかし、まだ大国との戦争は無理だと判断した日本政府は、できるだけロシアとの戦争を避けようと、策を講じます。日本が朝鮮半島を、ロシアが満州《まんしゆう》を支配下に置くという妥協《だきよう》案をロシア側に提案するのです。しかし、ロシア側はこれを拒絶、日本は戦力に不安を抱えながらも戦争に踏みきることになっていきました。

日本は、ロシアのバルチック艦隊を全滅させるという奇跡的な功績のもと、戦争には勝ちましたが、実際にはもうへろへろでした。アメリカのような余裕ある勝利ではなかったのです。

これ以上余力のない日本は、ここで戦争を終わらせようと、アメリカに和平交渉を依頼します。ここまではすごくよかったと思います。

もとを正せば、日本はロシアとは戦いたくなかったのです。日露戦争以前にも、日本は日清戦争で勝利していますが、清とロシアでは、はっきり言って格が違います。どういうことかというと、日清戦争は所詮アジア同士の戦い、いわばマイナーリーグです。しかし、ロシアは世界に冠たるメジャーです。だからこそ、日本は戦いたくなかったのです。

それが奇跡的に勝ってしまった。マイナーチームがメジャーチームを倒すという大金星を挙げたのが日露戦争だったのです。

私はここで、「しめしがついたからいいや」と、日本は身を引くべきだったと思っています。

当時、マイナーチーム日本の勝利は、列強メジャーに支配されていた植民地の人々に大《だい》喝采《かっさい》をもって迎えられました。彼らに「俺たちもやれる!」という勇気を与えたからです。

だから日本は、ここでやめておけば、世界の帝国主義を水際《みずぎわ》で食い止めて、他の国を鼓舞したという、世界史的にいいポジションを勝ちとることができたのです。

しかし、日本はここで引くどころか、欧米列強の仲間入りを果たし、アジアを侵略していきます。アジア諸国は、日本に期待していただけに裏切られた思いがしたことでしょう。

まさに「欧米か！」と、ツッコミたくなるところです。**日露戦争の奇跡の勝利で、「俺たちは強い。俺たちは列強と同じことができる」と、日本人全員が図に乗ってしまったのが、大きな間違いだったと思います。**

戦争で朝鮮半島と満州の利権を勝ち取った日本は、朝鮮を自国に併合するというかたちで直接支配します。ここで日本は、朝鮮は日本の一部、満州までが日本の生命線という誤った線引きをしてしまいます。

勝手に線引きしましたが、そこは本来は日本ではありません。他人の国まで自分の生命線だとしてしまったことが、満州事変を招き、その後の泥沼の戦いへと日本を引きずり込んでいくのです。

日本が本当にアジアの自立を考えていたのなら、自分のものとして守ろうとするのではなく、土地の人たちが自力で守れるように、バックアップしてあげるべきだったと思います。

その点で、アメリカの日本統治は、とてもうまくやったと言えるでしょう。アメリカは直接統治せず、あくまで日本人が主体となって新しい国づくりをしているようなスタイルを取りながら、お金だけはきっちり吸い上げる仕組みを作って占領統治をしています。ちょっと悔しい気もしますが、これがメジャーチームの勝ち方なのでしょう。

財閥解体と農地改革の本当の目的――「経済の非軍事化」とは

話を日本の占領に戻します。

戦後の占領は、間接統治だったために民主化が徹底しなかった、と言う人もけっこういるようですが、私はそんなことはないと思います。

どうしても教科書だと、占領政策の柱をそれぞれ個別に勉強するので、なかなかつながらないのですが、農地改革も財閥解体も、教育改革もすべて、一つの思惑のもとに関連して行なわれています。

それは、一言で言えば「日本を再び強力な国にしないようにする」ということです。

ここでいう「強力な国」には、軍事大国という意味も当然ありますが、日本の軍事力の背景となっていた日本の異様なまでの経済力を抑えるという目的も含まれていました。

なぜ、日本はこれほどまでの軍事力をつけたのか？　その背景には、輸出を柱とする経済力がありました。

そこでアメリカは、まず日本から軍事力そのものをそぎ落とすために、軍事的な思想や軍隊の組織を改革し、次に思想教育で、徹底して軍国主義はいかんという教育をします。

そして同時に、軍事力の背景となった経済の国際競争力を落とさせるために、さまざまな手を打ちます。

なぜ当時、日本にこれほどの国際競争力があったのかというと、一つには低賃金労働者が大量にいたからです。

これはいま、メイド・イン・チャイナが市場を席捲《せっけん》しているのと同じ理由です。最近では少しずつ中国でも賃金が上がってきていますが、まだまだ中国の労働力は国際的には低賃金です。

低賃金労働者が多ければ、製品を安く作れるので、製品のコストが抑えられ、国際的な競争力になるということはわかりますが、アメリカにとって解決すべき問題は、なぜ低賃金労働者が多いのかを見極め、その原因を排除することでした。

日本の場合、問題の根本原因は、農村の地主的な大土地所有にありました。

日本には、自分の土地を持たない貧しい人々が大量にいる。彼らは基本的には地主のもとで小作することで生活しているが、飢饉などがあると、その貧しさゆえ、食べていけなくなった人が農村から吐きだされ、町の工場に出てくる。彼らには帰るべき土地がないので、安い賃金でも働かざるをえない。こうした女工哀史のようなことが日本の各地で生じていたのです。これが、日本に低賃金労働者を大量に作りだしていた構図です。

そこで、労働者の賃金を引きあげることで、日本の国際競争力を奪おうと行なったのが、「農地改革」なのです。

農地改革というのは、単に不平等だから平等にしようというのではなく、こういう土地所有形態自体が、日本を強大にさせ、対外侵略に向かわせる原因になっていたと考えられたから、行なわれたのです。

これは高校の丸暗記型勉強法だと、理解しにくいところです。私も当時は、貧しい人が土地を持てるようになったんだから、よかったじゃないか、と思っていました。でも、アメリカの真の目的は、日本経済の国際競争力を弱めることだったのです。

日本の経済競争力を支えていたのは、低賃金だけではありませんでした。

もう一つの大きな柱は「財閥」の存在です。

戦前の日本の財閥の株所有率は非常に高く、一九三七（昭和十二）年の時点で、四大財閥だけで全国の会社の株式の二四・六％もの株を所有していたことがわかっています。

これはすごいことです。

ちなみに内訳をいうと、三井が九・五％、三菱が八・三％、住友が五・一％、安田が一・七％。三井と三菱を合わせただけで、ほぼ二〇％近くも持っていたのです。

いまでも三井や三菱は、銀行や信託銀行などいろいろな会社を持っていますが、いまの三井グループと、当時の三井財閥とでは、実体は大きく異なります。

当時の「財閥」というのは、同族支配が基本です。

同族支配とはどういうことかというと、いろいろな会社があっても、そこでの決裁権はすべて本社が握っており、その本社を仕切っているのは、一族の人間だということです。系列会社のさまざまな決裁はもちろん、重役人事も、すべて本社によって決定されます。

少し前に、山崎豊子《やまさきとよこ》さん原作の『華麗なる一族』がテレビで新たにドラマ化され、キムタク主演で話題を呼びましたが、まさにあそこに登場する「万俵家《まんぴょうけ》」の姿が財閥の姿です。

彼ら財閥と政府はもちろん密接につながっていたので、政治的な意図で戦争しようということになれば、財閥は当然協力します。そして資本も一気に結集する。その中で財閥も、軍事的需要からおいしい思いができるという構造になっていたのです。

こうした一極集中、封建的経済とでもいうような構造の解体を目的に行なわれたのが、「財閥解体」でした。

財閥解体は、市場における健全なる自由競争の確保という建前が掲げられていましたが、その実態は、農地改革同様、みんなを平等にというシンプルで美しい発想でなされたものではなかったのです。すべては、日本が、二度と強力な牙《きば》を持てないようにするために行なわれた改革だったのです。

同族支配と進出部門の独占と経営の多角化、これが戦前の財閥の特徴でした。

GHQは、一九四五年十一月に、持株会社解体指令を出し、すぐに三井、三菱、住友、安田をはじめとする一五財閥の資産を凍結、翌年には持株会社整理委員会を発足させ、持株会社・財閥に譲渡させた有価証券を一般に販売しています。

その後も、一九四七(昭和二十二)年四月十四日には「独占禁止法」、同年十二月十八日には「過度経済力集中排除法」というすごくわかりやすい名前の法律が作られ、巨大独占企業の解体が徹底して行なわれました。

こうした一連の流れを、歴史教科書では「経済の民主化」と書いていますが、アメリカ

が持っていた本当の目的は、「民主化」ではなく「非軍事化」だったのです。

「経済の非軍事化」というのは現在の日本人にはイメージしがたい表現ですが、当時の日本社会では、財閥という巨大資本が政府と密接に結びつくことで、経済と軍事というものが限りなくイコールに近いかたちで結ばれていたのです。当然そこには、財閥が軍事産業を担っていたという一面もありました。

日本を経済的発展に導いた主な産業は、製糸業と鉄鋼業と造船業です。製糸業はともかく、鉄鋼と造船が、明治維新以降、富国強兵を掲げる日本で、軍事産業として発展していったのは、ある意味当然の帰結でもありました。

そういう経済力と軍事力の相互関係を根こそぎ断ち切ったのが、財閥の解体だったのです。

日本人に「自己否定癖」をつけた教育改革

五大改革の一つ、教育改革でも、軍部との関係は根こそぎ一掃されています。

教科書の軍事関係部分の削除が命じられ、墨で黒く塗ったというのは有名な話ですが、このとき同時に、それまでの軍事教育に熱心だった教師が教壇から追放されています。

また、歴史教育においては、天皇の神性を裏付けていた建国神話が削除され、代わって石器時代の考古学的記述が採用されました。これは、神の国という優越感、他国とくらべて日本は特別な国だという優越感を持たないようにするためです。

これには、戦時中、アメリカ軍が、日本人の抗戦意欲のあまりの強さに手を焼いたということが背景になっています。

日本人はなぜこんなにくじけないのか、そのモチベーションを探っていった結果、現人神《あらひとがみ》である天皇を中心とした神国日本の臣民だという意識が、働いていたことがわかったのです。

ですから、こうした教育改革における一連の動きは、一九四六年一月一日の天皇の「人間宣言」発布ともつながるのですが、単に軍国主義をなくすためだけでなく、日本の国民の心から「神国日本」という意識をなくさせることも大きな目的になっていたのです。

教育改革に関していうと、教科書ではほとんど扱われませんが、武道の禁止も行なわれています。日本の武道が養った精神が、特攻作戦に結びついたこともあり、その再燃を恐れたのでしょう。

やはり教育改革も、日本の非軍事化が目的だったのです。

しかし、ここでも、教育改革の理念として掲げられたのは、あくまでも「民主主義的な教育」という美名でした。そのため、教育の現場では、民主主義を教えるということが徹底してすりこまれています。

授業のかたちも、これまでの「上から教えを垂《た》れる」というかたちとは大きく異なり、「じゃあ、みんなで自分の意見を言ってみよう」というものに変わっていきました。

そして不思議なことに、教育現場では、左翼の人たちが民主的なものを応援したため、左翼とアメリカのＧＨＱが一緒になって教育の民主化を推し進めることになったのです。

この部分だけを見ると、教育改革は悪くない感じもするのですが、いま落ちついて振り返ってみると、それまで日本が持っていたものが全否定されてしまったため、大切なものまで失ってしまった気がします。

その一つが、先にも触れた「武士道精神」です。

当時は「武士道」といっただけで、ダメでした。しかし、武士道がファシズムを生んだのかというと、私は違うと思います。

武士道は軍国主義よりずっと古くからあるものです。そしてその間、日本が戦争ばかりやっていたというのならともかく、逆に武士道が浸透していた江戸時代は、日本の歴史の中でも、まれに見る泰平の時代なのです。戦争と武士道は関係ありません。世界で大きな戦争を始めているのは、日本ではなく欧米です。欧米がアジアを侵略し、植民地化したことが原因です。

日本も泰平の眠りから無理矢理たたき起こされて、軍国主義化した後半はともかく、最初は、植民地化されないために、仕方なく戦ったのです。そのことを見ても、日本的な精神が、戦争を引き起こしたのではないことは、明らかなはずです。でも、そういうことは一切考慮されませんでした。

問題は、いまだにその傷が、日本人の心に根深く残っているということです。

その傷こそが、日本人が日本の文化について否定的になってしまう原因です。

戦後教育を受けた人の中には、戦前教育暗黒説が染みついています。

最近ようやく、戦前教育暗黒説に対して、「そんなことはない。戦前の教育もすべてが悪かったのではない。確かに、死ぬまで国のために尽くせとか行きすぎた軍事教育は間違っていたが、他の部分ではよいところもあったのだ。それらは分けて考えなければいけない」という意見が、少しずつ出てきています。

事実、日本が軍国主義になる以前、大正デモクラシーの時代や、その前の明治の頃は、落ちついた真面目な教育が行なわれ、それなりの成果も挙げていたのです。民主的な面も、なかったわけではないのです。

それなのに、教育改革によって、戦前の教育のすべてが一緒くたに全否定されてしまいました。日本人の意識が自己否定の回路に入ってしまったのは、この全否定に原因があるのだと私は思います。

日本人よ、すこし落ちつけ！

占領時の教育改革以降、自己否定癖がついてしまった日本人は、教育を改革するというと、なんでも前の時代を否定するのが癖になってしまいました。

勉強しすぎが問題らしいというと、一気に「ゆとりだ！」となって、ゆとりがだめだったとなると、また「もっと勉強だ！」となる。いまも教育再生会議などが侃々諤々《かんかんがくがく》やっていますが、私に言わせれば「まあ落ちつけ」という感じです。

最近は道徳を叩き込めとか、いろいろ言われています。それもある程度は必要かもしれませんが、では、いま修身《しゅうしん》みたいな授業を持ってくることがいいのかといえば、それは少し違う気がします。

日本人の中には、いい部分がたくさんあります。真面目に働く部分とか素直な部分、あるいは私に言わせれば上機嫌な部分、のんきな部分、そういったものも日本人の持つ、とてもよい部分です。ですから、そういういいものが、ちゃんと生かされる教育にしていけばいいのです。そして、いままで日本はそれをうまく生かしてきたと思います。

日本は、近代化に最高速度で成功した国なのですから、教育が悪かったはずがないのです。それなのに、教育改革で全否定されてしまったため、「日本の教育には伝統的ないいものはなかったんだ」と思いこんでしまったのです。

そして、この問題をさらにややこしくしてしまったのが、そこにアメリカだけでなくソビエトのコミンテルン、つまり中央部からの指令を受けた共産党員など、いろいろな人たちが加わり、日本を否定する方向でものすごく頑張ってしまったということがあります。

その反動として、一時期は「自虐史観はもうやめよう」という動きが現われるのですが、これがまた極端に右寄りで、今度は一気にすべてを肯定しようとしました。

どちらに転んでも極端です。

そういう意味では、最近の教育界では、思想的にいいものは認めて取りだそうという、落ちついた空気が若干出てきたのではないかと思います。

米ソとの関係と労働組合の歴史

占領下の労働改革がいま一つわかりづらいのは、途中から米ソの対立関係が、影響してくるからです。

当初アメリカは、一九四五年の五大改革指令で、労働者の団結権確立を求めています。これも背景には、安すぎる労働賃金を引き上げ、日本経済の世界での競争力を低下させるという目的がありました。

これを受けて、同年十二月には労働組合法が制定され、労働者の団結権、団体交渉権、ストライキ権が保証されます。

翌一九四六年九月には労働関係調整法が、さらに一九四七年四月には労働基準法がそれぞれ制定され、ここにいわゆる「労働三法」が確立されるのです。

この間に労働組合は着実にその数を増し、戦前は最高でも四〇万人しかいなかった組合員が、一九四八（昭和二十三）年には六六〇万人にまで増えています。これはすごいスピードです。

こうした急激な労働組織拡大の背景には、戦時中に投獄されていたり、活動を控えていた共産主義者や社会主義者、労働運動家などの活動再開も大きく影響していました。

労働組織の拡大に伴い、労働運動も活発化しますが、それは激しいストライキの頻発や、暴力行為を伴うことも珍しくないなど、GHQの思惑を超えるものとなってしまいました。

そして、一九四七年一月十八日、全官公庁労組共闘委員会約二六〇万人が、二月一日午前零時から無期限ストに突入すると宣言すると、GHQは、ストの前日になって「日本の安定のため」と言ってストの禁止を命令します。これが「二・一ゼネスト中止」です。

この事件をきっかけに、GHQは、四八年の公務員のスト権・団体交渉権の否認、一九四九（昭和二十四）年の労働組合法・労働関係調整法の改正など、反政府色の強い運動に対し、制限を加えるようになっていきます。

そして、こうしたGHQの方向転換は、一九四九年に中華人民共和国がソ連の支援のもと成立を宣言すると、ソ連台頭に脅威を感じ、反共政策「レッドパージ」へと移行していくことになるのです。

このように、労働運動の激化、共産勢力の台頭、米ソの対立などの事情が複雑に入り交じり、労働改革は他の改革ほどすっきりとした着地点を見いだせずに終わります。

しかし、この時期に労働組合ができ、労働三法が制定されたことによって、日本の労働者の労働条件がかなり改善されたことは間違いありません。

悪化する現代の労働環境

ところが、あれから六〇年近くがたったいま、労働者の環境は、再び厳しい状況になりつつあります。

なぜ、労働環境が悪化してしまったのでしょう。

事の発端は、一九九一（平成三）年のバブル崩壊以降、「リストラ」という名で、なぜか労働者のクビ切りが、まるで何かいいことであるかのように肯定されていったことにあります。

あれは本当に不思議でした。リストラというのは、本来は「再構築」を意味する英語

「リストラクチャリング（Restructuring）」の略です。それが「人員削減」「解雇」「クビ切り」という実態をカモフラージュする言葉として使われてしまったのですから、そこにはあまりにも、身勝手な企業の姿勢が感じられます。

国も一面的な景気対策のため、企業を応援するかたちで、どんどんリストラを推し進めていってしまったのです。私たちは、この事実の歴史的意味を受けとめ、未来に活かしていかなければならないと思います。

会社の権力は、放っておくと経営者に集中していきます。だから労働者は常に闘いつづけなければ、権利をどんどん手放すことになってしまいます。

いまの日本社会は戦後数十年間かけて築き上げてきた労働者の権利を、一気に吐き出してしまおうとしているのです。

ここに私は、共産主義的国家の失敗と労働運動というものを一緒くたにして流してしまいたいという、経営者側の悪意を感じます。

左翼的な共産主義思想は、確かに国家を健全に維持させられなかったのですから、それは絵空事《えそらごと》だった部分があったのだと思います。そして、労働運動を推し進めてきた推進力が、そうした左翼思想であったことも事実です。だからといって、労働運動＝左翼思想として一緒くたに捨ててしまうのは、少し違うと思います。

労働運動によって、労働者の生活が良くなったことは事実なのですから、それはそれとして良い部分を認めるべきだったのです。

いまの学校教育では、労働組合について、たとえばストライキの権利や団体交渉権などについて教える時間が極端に少なくなっています。日本史でも全体の〇・一％にも満たない知識量に過ぎないでしょう。これではあまりにもバランスが悪すぎます。

自分が生きていく上で、「権利」はとても重要です。権利があるんだということを教えてもらわなければ、人はそれを維持できません。

本当は正当な権利でも、その正当性を教えられなければ、人は権利を行使できません。

こうしたいまの状況を覆す意味でも、私は、権利の「利」は福沢諭吉に戻って、理由の「理」に直すべきだと思うのです。

すごい！ 3

日本を占領したのがアメリカでよかった

もし分割統治されていたらどうなっていたか

日本が降伏を決意する以前、連合国は、終戦後の日本占領案として、「分割統治計画」を検討していました。

それは、米・英・ソ・中の四カ国による占領統治案で、アメリカの国立公文書館に現存する史料によると、北海道と東北はソ連、関東・中部・福井県を除く北陸及び三重県付近はアメリカ、四国は中国、中国地方・九州はイギリスがそれぞれ占領統治し、首都東京の二三区は米・英・ソ・中の四カ国で、福井県を含む近畿は中国とアメリカの、それぞれ共同管理下に置くという計画でした。

幸いにもアメリカが押しきるかたちで、日本を占領したのでこの分割統治計画は実行されませんでしたが、もし実行されていたら、日本は大変なことになっていたでしょう。考えるだに恐ろしいことです。

そして、こうやって占領の大筋を冷静に見ていったとき、私たちの現在の生活を肯定するのであれば、アメリカによる占領は、それにつながるような改革がなされたわけですから、もちろん占領政策の中には、「これはちょっとよくなかっただろう」という面もありますが、全体としては、不幸中の幸いだったと言ってもよいと思います。

占領されたからこそできた改革

日本の歴史は、権力の集中に対して、それをどう乗り越えてきたのか、という歴史でもあります。

そう考えると、占領下での改革は、あの状況下でなければできなかったことであると同時に、なされていなければ、庶民にとってはかなり苦しい現実を強いられることになっていたと言えるでしょう。

あのような改革は、自分の国ではないからできたことです。

そして受けた日本側も、「戦争に負けたのだし、外国人のやることだから、仕方ない」と思えたから、受けいれられたのではないかと思います。もちろん、そこには日本人ならではの異常なまでの素直さもあったとは思いますが、あれが同じ日本人による提案だったら、あそこまで素直に受けいれられたとは思えません。

アメリカの目的は別のところにあったとしても、それが日本人にとって、それほど悪いことばかりでなかったのも幸いだったと思います。

しかし、あれだけ大胆に財閥を解体したのに、その後ちょっと規制が緩まると、またすぐもとに戻っていったのはすごいことです。

あのとき解体された四大財閥は、同族支配でこそなくなりましたが、いまも巨大グループ企業として四つともすべて生き残っています。やはり資本の集中を食い止めることは、最も難しいことなのだと、再確認させられる思いがします。

良くも悪くも、いまの日本があるのは、占領下で大きな改革がなされた結果です。

そして、大きな改革は、時代の変わり目に現われる大豪腕でなければ、絶対になしとげることはできません。

特に日本人のように、なんでも話しあいで決めようとしていたのでは、あのような変革は絶対にまとまらなかったでしょう。明治維新は、内側からやったと言えないこともありませんが、あのときは外圧が非常に大きく「これをやらなければ日本は生き残れない」という切羽《せっぱ》つまった状況があったので、あれだけのことができたのだと思います。

いずれにしろ、農地改革、財閥の解体、教育改革、労働改革これらはすべて、あの占領がなければできなかったことだと言えます。

占領は戦後日本人のモチベーションとなった

私は、戦後日本が発展していくモチベーションとなったのは、あの改革が生みだした「空気」だったと思っています。なぜなら、改革の空気は、若い人や女性に「希望」というエネルギーを与えたからです。

農地改革によって、日本は小作農（地主から土地を借りて耕作する農家）の比率が大幅に減って、自作農（自分の土地を所有している農家）が急増しました。

史料によると、小作地（小作農に貸し出された農地）二四〇万町歩（一町歩≒一ヘクタール）の八〇％が解放され、小作地はわずか一〇％になったといいます。それまでは、全体の三〇％しかいなかった自作農も、改革後には五六％にまで増えています。

自分の土地を得た農民はやる気を蘇《よみがえ》らせ、労働組合の急増により、一般の勤め人も給料アップの望みが生まれました。女性は参政権を得、子どもたちも自由と民主主義を教えられ自分の未来に平等なチャンスが与えられていることを知り、夢をふくらませました。

こうした「希望」が人々のモチベーションとなり、昭和二十年代から三十年代にかけての高度経済成長を作りあげたのだと思います。

チャンスはみんなに平等に与えられている。頑張れば、そのチャンスをつかむことができる。心からそう思える時代だったのです。

多くの人は占領をネガティブに捉えていますが、こうして冷静に見ていくと、アメリカがすべて善意でやったわけではありませんが、**結果としては、占領下で行なわれた改革が、日本の高度経済成長を支える大きなモチベーションのもとになったのです。**

占領が日本人のモチベーションになったというのは、これまでにない説ですが、占領をトラウマにせず、占領という歴史的事実を受け止め、未来に役立てるためには、よい見方といえるのではないでしょうか。

ＤＨ制のおかげで躍進《やくしん》できた日本

日本は戦後、見事なまでの経済復興を遂げています。それは復興どころか、躍進《やくしん》といってもいいほどの成長です。

さすがのアメリカも、非軍事化した日本が、当時軍事化のもととなっていた経済力を、いまのような軍事とまったく結びつかないかたちで、ここまで早く、そしてここまで大きく成長させるとは思っていなかったでしょう。

日本の経済成長のきっかけとなったのは、一九五〇年の朝鮮戦争でした。

このとき日本人は、大きく羽ばたく翼を手に入れたのです。

それは、「戦争のこと、国を守ることを考えずに、ひたすらお金儲けに集中していい」という立場に自分たちが置かれていることを知ったことでした。

これは野球にたとえるなら、ＤＨ制のようなものです。「僕は守らなくていいんですか。打つだけでいいんですか。じゃ頑張ります！」ということです。

もう富国強兵ではない。国を強くすることを忘れ、守ることを考えず、ただひたすら得意な経済に集中していればいい。ほかの国が戦争をしていても、「俺たちは経済だけをやっていればいいんだ」ということを、あの朝鮮戦争のときに気づき、日本の空気は変わりました。朝鮮には悪いのですが、そこから日本は突っ走ることができたのです。

日本がここまでくるとは思わなかったアメリカは、その後、日本製品を市場から排斥《はいせき》しようという動きを見せます。しかし、その後、考え方を変え、敵対するのではなく、日本が儲けたお金を吸い上げる方向へ、対日方針を転換していきます。これが八〇年代の終わり頃から始まる、プラザ合意に代表される対日金融政策の変化です。のんきな日本人は、アメリカの思惑に気づかず、それからの約一〇年間、いいように食い散らかされました。

国連でも、発言権がないわりに、お金だけは「どれだけお金を出しているんだよ」と言いたくなるほど出してきました。

それでも、日本人は、軍隊を出すよりは、お金を出すことを選択してきたのだと思います。それは、「経済だけやっていい」という翼を失わないためでもありました。

最近では、日本がお金だけ出しているという批判に対応するために、人も出そうとする動きが出てきています。

もちろん自国のことばかりを考えていればいいというのではありませんが、単純に諸外国に言われたからというのではなく、自国の方針をよく考えていかなければなりません。

憲法改正で本当に得をするのは誰か？

いま、憲法改正の動きが進む中で、国民投票の年齢を原則一八歳以上とすることが与野党協議会で合意を得たと言われています。

でも、そんなに下げて意味があるのでしょうか。私には、あまり意味がないように思えます。むしろ引き上げた方がいいのでは、とさえ思います。

憲法問題の中でも、憲法九条の問題は特に難しい問題ですが、考える前に明らかにしておかなければならないのは、「憲法九条改正を進めて得をするのは誰か」ということです。

損得だけで言えば、いちばん得をするのはアメリカです。なぜなら、そこを動かせば、日本はアメリカが行く戦争に付きあわなければならなくなるからです。

そう考えると、日本人にとって憲法九条改正を進めるメリットは、ほとんどないことに気がつくはずです。

「もう一回自分たちの憲法で」というのは、歴史を見ているようで、見ていません。損得を考えれば、日本のメリットよりアメリカのメリットの方が大きいのです。日本人が憲法改正を強く意識するのは、「占領」が一種のトラウマになってしまっているからでしょう。

フロイトで言うならば、結局、私たちの精神の調子がおかしいのは、過去の問題から、無意識のうちに目をそらし、抑圧しつづけてきたからです。

今になって、そのトラウマを払拭《ふっしょく》するために、憲法改正だというふうになるのですが、そこを組みかえたらトラウマが消えるというのは、私は幻想に過ぎないと思います。

それよりも、トラウマとなっている「占領」というものを、冷静に見直し、それによって自分たちがどうなったのか、何を得て何を失ったのか、きちんと見れば、占領のすべてが「悪」ではなかったことがわかるはずです。

トラウマは、そうやって乗り越えるものではないでしょうか。

少なくとも私は、日本を占領した国がソビエトや中国ではなく、アメリカでよかったと思っています。

＊　＊　＊

以上、まさに「ざっくり」と日本史を大きな見方で括《くく》ってみました。読者の方には、異論のある部分もあるかと思いますが、一つの刺激剤、一つの歴史の読み方としてとらえていただければ幸いです。

大事なところを、ざっくりと自分なりの視点でとらえてみることは、大人ならではの歴史の楽しみ方だと思います。ぜひ、みなさんも、強引なものでも構いませんので、自分なりの仮説を立てて、日本史を楽しんでみてください。

本書は、二〇〇七年十二月、小社より単行本
『齋藤孝のざっくり！日本史』として発行さ
れた作品を文庫化したものです。

齋藤孝のざっくり！日本史

一〇〇字書評

切り取り線

購買動機（新聞、雑誌名を記入するか、あるいは○をつけてください）

□（　　　　　　　　　　　　　　　　）の広告を見て
□（　　　　　　　　　　　　　　　　）の書評を見て
□ 知人のすすめで　　　　□ タイトルに惹かれて
□ カバーがよかったから　□ 内容が面白そうだから
□ 好きな作家だから　　　□ 好きな分野の本だから

●最近、最も感銘を受けた作品名をお書きください

●あなたのお好きな作家名をお書きください

●その他、ご要望がありましたらお書きください

住所	〒				
氏名		職業		年齢	
新刊情報等のパソコンメール配信を 希望する・しない	Eメール	※携帯には配信できません			

あなたにお願い

この本の感想を、編集部までお寄せいただけたらありがたく存じます。今後の企画の参考にさせていただきます。Eメールでも結構です。

いただいた「一〇〇字書評」は、新聞・雑誌等に紹介させていただくことがあります。その場合はお礼として特製図書カードを差し上げます。

前ページの原稿用紙に書評をお書きの上、切り取り、左記までお送り下さい。宛先の住所は不要です。

なお、ご記入いただいたお名前、ご住所等は、書評紹介の事前了解、謝礼のお届けのためだけに利用し、そのほかの目的のために利用することはありません。

〒一〇一-八七〇一
祥伝社黄金文庫編集長　岡部康彦
☎〇三（三二六五）二〇八四
ohgon@shodensha.co.jp

祥伝社ホームページの「ブックレビュー」からも、書けるようになりました。
http://www.shodensha.co.jp/bookreview/

祥伝社黄金文庫

齋藤孝《さいとうたかし》のざっくり！日本史《にほんし》
「すごいよ！ポイント」で本当《ほんとう》の面白《おもしろ》さが見えてくる

平成22年9月5日　初版第1刷発行
平成29年3月15日　第7刷発行

著　者　齋藤《さいとう》　孝《たかし》
発行者　辻　浩明
発行所　祥伝社《しょうでんしゃ》

〒101－8701
東京都千代田区神田神保町3－3
電話　03（3265）2084（編集部）
電話　03（3265）2081（販売部）
電話　03（3265）3622（業務部）
http://www.shodensha.co.jp/

印刷所　錦明印刷
製本所　ナショナル製本

Printed in Japan　© 2010, Takashi Saito　ISBN978-4-396-31523-8 C0121

祥伝社黄金文庫

石田　健
1日1分！英字新聞エクスプレス
通勤、通学、休み時間、ちょっとした合間に。これ1冊で「生きた英語」の英単語、文法、リスニングもOK！

上田武司
一流になる選手消える選手
一流の素質を持って入団しても、明暗が分かれるのはなぜか？　伝説のスカウトが熱き想いと経験を語った。

川口葉子
京都カフェ散歩
京都にはカフェが多い。それも、とびきり魅力的なカフェが。豊富なフォト＆エッセイで案内。

桜井　進
雪月花の数学
北斎、雪舟、法隆寺、平安京、茶室、生け花、俳句――。「数」と「形」が解き明かす日本文化の「美」と「心」。

高野　澄
奈良1300の謎
「平城」の都は遷都以前から常に歴史の表舞台だった！　時を超えて奈良の「不思議」がよみがえる！

長谷部瞳と「日経1年生！」製作委員会
日経1年生！
日経は大人の会話の「ネタ帳」。身近なニュースから「経済の基本の基本」がわかります。もう日経は難しくない！

祥伝社黄金文庫

井沢元彦　日本史集中講義

点と点が線になる――一冊で、日本史が一気にわかる。井沢史観のエッセンスを凝縮！

泉　三郎　堂々たる日本人

この国のかたちと針路を決めた男たち――彼らは世界から何を学び、世界は彼らの何に驚嘆したのか？

氏家幹人　これを読まずに「江戸」を語るな

春画のアソコはなぜ大きい？　切腹の信じられない作法！　江戸時代の色道と武士道のトリビアもいっぱい！

河合　敦　驚きの日本史講座

新発見や研究が次々と教科書を書き換える。「世界一受けたい授業」の人気講師が教える日本史最新事情！

樋口清之　逆《さかさ》・日本史〈昭和→大正→明治〉

〝なぜ〟を規準にして歴史を遡《さかのぼ》っていく方法こそ、本来の歴史だと考えている。（著者のことばより）

渡部昇一　日本史から見た日本人・昭和編

なぜ日本人は、かくも外交下手になったのか？独自の視点で昭和の悲劇の真相を明らかにした画期的名著。